宁波市第五轮社会科学研究基地
"宁波市数字普惠金融研究基地"
阶段性研究成果

Cooperative Development of
Culture and Finance:
A Case Study of Ningbo

文化与金融合作发展
宁波实践与经验

滕　帆　吴　燕　陈裕荟琳　李华建　著

ZHEJIANG UNIVERSITY PRESS
浙江大学出版社

图书在版编目（CIP）数据

文化与金融合作发展：宁波实践与经验／滕帆等著
.— 杭州：浙江大学出版社，2022.1
ISBN 978-7-308-22165-8

Ⅰ．①文… Ⅱ．①滕… Ⅲ．①文化产业—金融支持—
研究—宁波 Ⅳ．①G127.553

中国版本图书馆 CIP 数据核字（2021）第 269558 号

文化与金融合作发展：宁波实践与经验

滕　帆　　吴　燕
陈裕荟琳　李华建　　　著

策划编辑	吴伟伟
责任编辑	陈　翩
责任校对	丁沛岚
封面设计	春天书装
出版发行	浙江大学出版社
	（杭州市天目山路 148 号　邮政编码 310007）
	（网址：http://www.zjupress.com）
排　　版	杭州朝曦图文设计有限公司
印　　刷	广东虎彩云印刷有限公司绍兴分公司
开　　本	710mm×1000mm　1/16
印　　张	11.5
字　　数	185 千
版 印 次	2022 年 1 月第 1 版　2022 年 1 月第 1 次印刷
书　　号	ISBN 978-7-308-22165-8
定　　价	52.00 元

代　序

探寻文化与金融合作发展的宁波路径

近年来,宁波文旅产业发展迅猛,特别是在文化与金融合作方面取得了显著成绩。早在 2011 年,宁波市文化广电旅游主管部门就与中国人民银行宁波市中心支行等单位联合出台了《关于金融支持文化产业发展繁荣的实施意见》;2014 年,宁波启动创建国家文化与金融合作示范区。据不完全统计,2011—2019 年,宁波市委、市政府以及文化、金融等主管部门先后印发了16 个实施意见、建设计划等政策文件。2019 年 12 月,宁波获批创建国家文化与金融合作示范区。

目前,宁波文化与金融合作示范区创建工作正在有条不紊地推进。特别是在 2020 年新冠肺炎疫情防控期间,宁波市主动出击,率先建立了文旅企业"白名单"制度,与建设银行等金融机构联手为长期发展趋势良好、经营遭受短期困难、愿意承担社会责任的优质文旅企业提供了近 15 亿元的贷款,为企业抗击疫情提供了重要的金融支撑。同时,各项文化与金融合作创新项目不断深化,在已有农行文创支行、文创小贷公司等专营机构的基础上,创设了 2 家文化金融服务中心,鼓励全市各金融机构开发文化金融产品,累计为上万家文化企业和百余项文化重点项目建设提供了融资服务。宁波还实施文旅企业上市培育工程,积极推动文旅企业对接多层次资本市场。截至2020 年末,宁波共有 A 股主板上市文旅企业 9 家,境外上市企业 7 家,新三板累计挂牌企业 17 家。在宁波市股权交易中心"文化创意板"中挂牌的企业累计超过 240 家。可以说,宁波支持文旅企业发展的初心是不变的,政策是具有持续性的,全市上下齐心合力,持续不断地探索新政策、新手段,文化与金融合作发展的"宁波路径"已经初步成形,而且越走越稳。我们相信,随着创建国家文化与金融合作示范区各项工作的逐步开展,宁波文旅产业正迎来一个巨大的政策红利期。

在创建国家文化与金融合作示范区的过程中,宁波同样亟须对示范区创建经验的梳理和总结。示范区创建伊始，宁波市文化广电旅游局委托浙大宁波理工学院、宁波市金融研究院等单位共同创建"宁波创建国家文化和金融合作示范区协同创新研究基地"，为示范区创建提供智力支撑。近两年来，基地围绕文化与金融合作，从抗击疫情的实际出发，积极投入文旅企业纾困解难的研究工作之中，先后撰写研究报告3份、决策建议6篇，通过直播、录课等形式建设了线上与线下相结合的"宁波文旅金融大讲堂"，较为圆满地完成了预期研究任务。

宁波创建国家文化和金融合作示范区协同创新研究基地还积极参与宁波市第五轮社会科学研究基地"宁波市数字普惠金融研究基地"的申报工作并成功获批。为了更好地总结宁波创建国家文化与金融合作示范区的工作经验，基地在胡征宇研究员的带领下开展了一系列的学术研究和实地调研，本书正是上述阶段性研究成果的结晶。本书较为全面地梳理了文化与金融合作的理论框架，总结了宁波的实践经验，但薄弱之处还是非常明显，如在理论分析中文化与金融合作的数据相对不足造成了研究较为粗浅，同时，宁波实践经验总结有待进一步深化。

作为文化产业发展中应运而生的鲜活概念，文化与金融合作发展亟须社会各界特别是学术界的关注和研究，我们热切地期盼海内外专家学者和热心人士多来宁波走一走、看一看，共同为推动我国文化产业的高质量发展献计献策。

在本书的研究和撰写过程中，我们特别感谢宁波市社科院（宁波市社科联）、宁波市文化广电旅游局、中国人民银行宁波中心支行、宁波市财政局、宁波市地方金融监管局、中国银保监会宁波监管局、宁波市文化金融服务中心等单位的专家学者，他们都给予了热情指导和大力支持。浙江大学出版社在基地学术著作的编辑、出版都给予了巨大的帮助，在此表示衷心的感谢！

孙伍琴

浙大宁波理工学院教授

宁波市数字普惠金融研究基地首席专家

宁波创建国家文化和金融合作示范区协同创新研究基地主任

目　录

1 文化与金融合作发展:内涵与外延

本章对文化、文化产业、文化金融、文化与金融合作等关键术语的内涵和外延进行必要的辨别分析,确定本书的核心研究对象和研究内容,并简要介绍本书的研究框架与主要结论。

1.1 研究背景

长期以来,党中央和国务院十分重视文化建设。1979 年 10 月,邓小平在中国文学艺术工作者第四次代表大会上的祝词中指出,我们要在建设高度物质文明的同时,提高全民族的科学文化水平,发展高尚的丰富多彩的文化生活,建设高度的社会主义精神文明。[①] 习近平总书记在党的十九大报告中进一步强调,坚定文化自信,推动社会主义文化繁荣兴盛。文化是一个国家、一个民族的灵魂。文化兴国运兴,文化强民族强。没有高度的文化自信,没有文化的繁荣兴盛,就没有中华民族伟大复兴。要坚持中国特色社会主义文化发展道路,激发全民族文化创新创造活力,建设社会主义文化强国。[②]

近年来,文化振兴和文化产业促进已经成为国家战略的重要组成部分。"十二五"规划建议中明确提出"推动文化产业成为国民经济支柱型产业";"十三五"规划建议则要求"深化文化体制改革,实施重大文化工程,完善公共文化服务体系、文化产业体系、文化市场体系"。可以发现,发展文化产业已经成为建设社会主义文化强国的重要载体,同时,文化产业也将成为我国

---

① 中共中央文献研究室.改革开放三十年重要文献选编(上册)[M].北京:中央文献出版社,2008:80.

② 习近平提出,坚定文化自信,推动社会主义文化繁荣兴盛[EB/OL].(2017-10-18)[2021-03-01]. http://www.xinhuanet.com//politics/19cpcnc/2017-10/18/c_1121820800.htm.

支柱性产业之一。

金融是现代经济的核心,在文化产业发展过程中金融的推动作用更是日益凸显,国家一直持续引导和支持文化与金融的合作发展。2010年,中共中央宣传部、中国人民银行等九部委联合下发《关于金融支持文化产业振兴和发展繁荣的指导意见》,共分七部分:一是充分认识金融支持文化产业发展的重要意义;二是积极开发适合文化产业特点的信贷产品,加大有效的信贷投放;三是完善授信模式,加强和改进对文化产业的金融服务;四是大力发展多层次资本市场,扩大文化企业的直接融资规模;五是积极培育和发展文化产业保险市场;六是建立健全有利于金融支持文化产业发展的配套机制;七是加强政策协调和实施效果监测评估。

2014年,文化部、中国人民银行和财政部联合发布《关于深入推进文化金融合作的意见》,除了继续引导、强化和支持各类文化金融合作创新,进一步提出要探索创建"文化金融合作试验区",即国家有关部门选择部分文化产业发展成熟、金融服务基础较好的地区创建文化金融合作试验区,探索建立地方政府、文化、金融等多部门沟通协作机制,通过创新地方政府资金投入方式,引导和促进金融机构创新金融产品和服务模式,搭建文化金融服务平台,完善文化金融发展政策环境,集中优质资源先行先试,探索符合本地区特点的文化金融创新模式。

2019年,经过多年精心筹备,文化和旅游部、中国人民银行、财政部正式批复,同意北京市东城区和浙江省宁波市创建国家文化与金融合作示范区,标志着我国的文化与金融合作发展进入快车道。经过近两年的示范区创建,特别是新冠肺炎疫情防控期间文化与金融之间的密切配合、共克时艰,北京东城区和宁波市都积累了丰富的经验,急需深入梳理总结,为文化与金融合作、文化产业高质量发展提供可复制、可推广的经验。

1.2 文化与文化产业

1.2.1 文化的内涵与外延

一般而言,文化(culture)指的是人类在社会历史发展过程中所创造的物质财富和精神财富的总和。① 马克思认为,不是人们的意识决定人们的存在,相反,是人们的社会存在决定人们的意识。列宁也曾经提出:"只有了解人类创造的一切财富以丰富自己的头脑,才能成为共产主义者。"②这些论述明确揭示出文化与经济、社会等存在着诸多的相互作用。高波、张志鹏对文化与经济发展的关系进行了文献综述,认为有 5 种不同的论点(见表 1-1)。③文化作为人类社会长期发展的结果,对经济有较为深远的影响。

表 1-1 文化与经济发展的相关分析

代表人物	自变量	因变量	影响机制
古典经济学者	文化	经济发展	文化只是影响经济发展的众多因素之一
马克斯·韦伯	文化	经济发展	特定文化是促进资本主义产生与现代经济发展的最重要因素
无	无	无	文化与经济发展无关
无	文化	经济发展	文化既会对经济发展产生正向影响,也可能会有负向影响
诺斯	文化	经济发展	文化是一种影响合约实施的不可缺少的变量,而合约的实施最终决定了经济发展的状况

资料来源:高波,张志鹏.文化资本:经济增长源泉的一种解释[J].南京大学学报(哲学·人文科学·社会科学),2004(5):102-112.

文化通常包括物质文化、制度文化和心理文化三个方面。物质文化指人类在社会生产和生活中创造的种种物质文明,如生产工具、服饰、生活用品等。制度文化指人类在物质生产过程中结成的各种社会关系的总和,如生活制度、家族制度、社会制度、法律制度等。心理文化指人类思维方式、宗教信仰、艺术审美等,与制度文化同属不可见的隐性文化。

1.2.2 文化产业内涵及其国别分类

文化产业(culture industries)指的是对文化资源进行开发、生产和销

---

① 欧阳友权.文化产业概论[M].长沙:湖南人民出版社,2007.
② 列宁选集(第四卷)[M].北京:人民出版社,1995:285.
③ 高波,张志鹏.文化资本:经济增长源泉的一种解释[J].南京大学学报(哲学·人文科学·社会科学),2004(5):102-112.

售,专门从事文化产品生产和提供文化服务的经营性行业。① 联合国教科文组织把文化产业界定为:按照工业标准生产、再生产、储存及分配文化产品和服务的一系列活动。②

随着文化产业的发展,很多国家或地区对文化产业的外延进行了界定。2001 年,日本政府明确提出知识产权立国战略,将文化产业分为休闲产业、时尚产业和内容制造产业 3 个大类,具体分类如表 1-2 所示。

表 1-2 日本文化产业分类

项目	分类
休闲产业	个人计算机、工作站、网络 电视 多媒体系统建构 数字影像处理 数字影像信号发送 录像软件 音乐录制 书籍杂志 新闻 汽车导航
时尚产业	时尚设计和化妆
内容制造产业	学习休闲 鉴赏休闲 运动设施、学校、补习班 体育比赛售票 国内旅游 电子游戏 音乐伴唱

资料来源:李勇辉,刘卫江.“文化创意＋”金融业融合发展[M]. 北京:知识产权出版社,2019.

美国采用版权产业(copyright industries)来指代文化产业,美国国际知识产权联盟(International Intellectual Property Alliance, IIPA)将版权产业细分为 4 个大类,分别是核心版权产业、部分版权产业、发行产业和版权关联产业,具体内容如表 1-3 所示。

① 陈波.中国文化产业发展之路[M]北京:经济科学出版社,2020.
② 喻静,林孔团.浅析文化创意产业相关概念[J].经济研究导刊,2012(30):199-200.

表 1-3 美国版权产业分类

项目	分类
核心版权产业	影视业（电视、电影和家庭影像） 音乐和录制业（音乐出版、唱片、磁带和 CD） 图书、杂志和报纸出版业 计算机软件业 影剧院 广告业 电台和卫星广播业 ……
部分版权产业	纺织品 玩具制造 建筑 ……
发行产业	图书、报刊、电子音像制品的批发和零售业 图书馆和为发行服务的运输业 ……
版权关联产业	生产和维修计算机、收音机、电视机、收录机等设备的产业

资料来源：李勇辉，刘卫江."文化创意＋"金融业融合发展[M].北京：知识产权出版社，2019.

1.2.3 我国文化产业分类

2018 年，国家统计局公布了《文化及相关产业分类（2018）》，在《文化及相关产业分类（2012）》的基础上，将以"互联网＋"为依托的文化新业态纳入统计范围，体现了文化体制改革和发展趋势。根据该分类，文化及相关产业包含 2 个大类：文化核心领域和文化相关领域（见图 1-1，具体类别参见附录 1）。

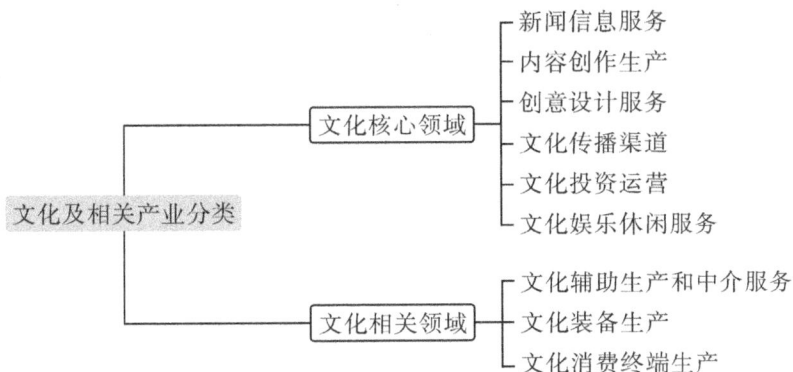

图 1-1 我国文化及相关产业分类

文化核心领域主要包括新闻信息服务、内容创作生产、创意设计服务、文化传播渠道、文化投资运营、文化娱乐休闲服务等 6 个大类，新闻服务、报纸信息服务、广播电视信息服务、互联网信息服务、出版服务、广播影视节目制作等 25 个中类，新闻业、报纸出版、广播、电视、广播电视集成播控等 81 个小类(见图 1-2)。

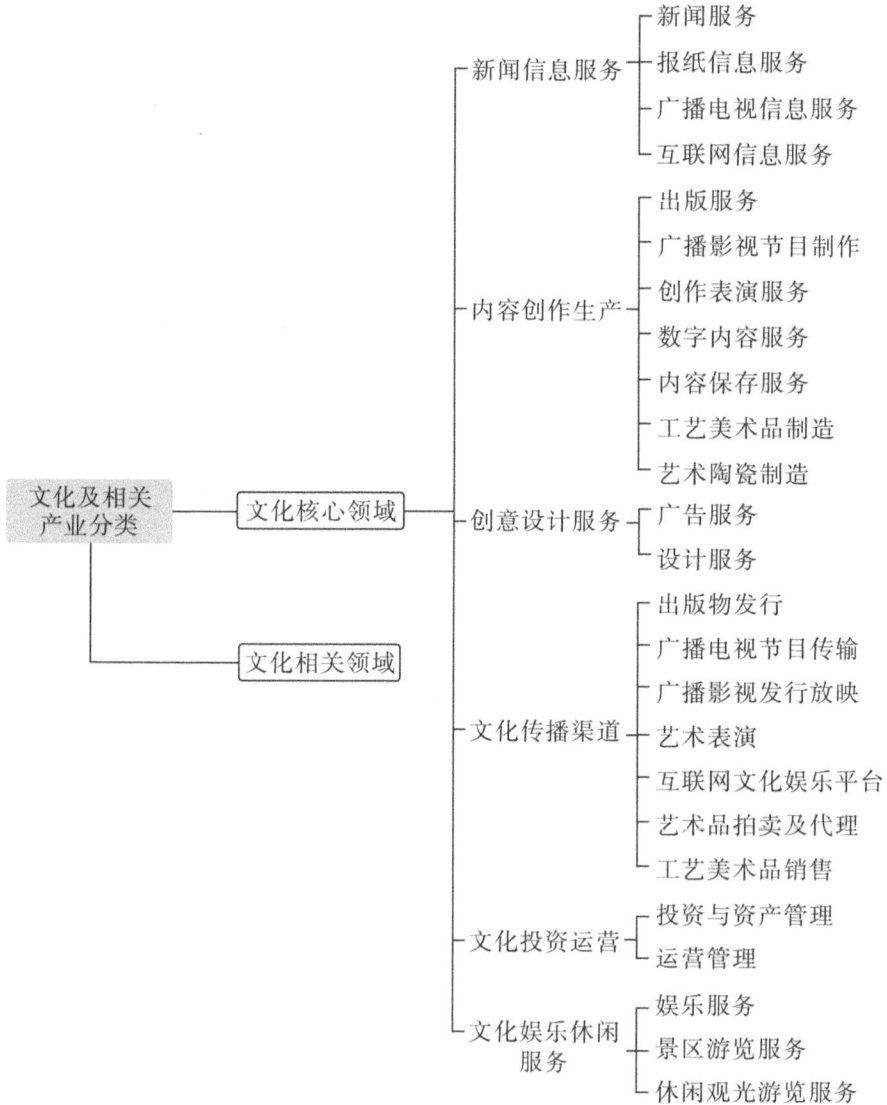

图 1-2　文化核心领域分类

　　文化相关领域主要包括文化辅助生产和中介服务、文化装备生产、文化消费终端生产等 3 个大类,文化辅助用品制造、印刷复制服务、版权服务、会议展览服务、文化经纪代理服务、文化设备(用品)出租服务等 18 个中类,文化用机制纸及纸板制造、手工纸制造、油墨及类似产品制造、工艺美术颜料制造等 65 个小类(见图 1-3)。

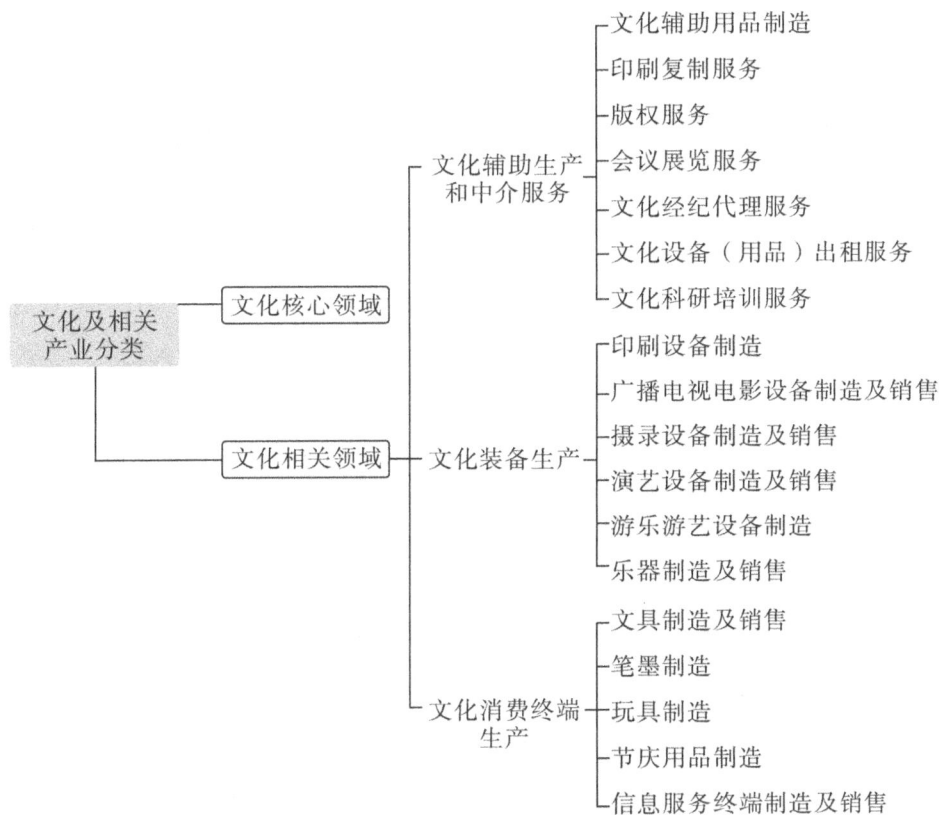

```
                                          ┌ 文化辅助用品制造
                                          ├ 印刷复制服务
                                          ├ 版权服务
                              文化辅助生产  ├ 会议展览服务
                              和中介服务   ├ 文化经纪代理服务
                                          ├ 文化设备（用品）出租服务
                 ┌ 文化核心领域            └ 文化科研培训服务
  文化及相关      │
  产业分类       │                         ┌ 印刷设备制造
                 │                         ├ 广播电视电影设备制造及销售
                 │               文化装备生产├ 摄录设备制造及销售
                 └ 文化相关领域 ┤           ├ 演艺设备制造及销售
                                │           ├ 游乐游艺设备制造
                                │           └ 乐器制造及销售
                                │
                                │           ┌ 文具制造及销售
                                │           ├ 笔墨制造
                                └ 文化消费终端├ 玩具制造
                                  生产       ├ 节庆用品制造
                                            └ 信息服务终端制造及销售
```

图 1-3　文化相关领域分类

1.2.4　我国旅游产业分类

　　2018 年,国家统计局公布了《国家旅游及相关产业统计分类(2018)》,该分类以《国务院关于促进旅游业改革发展的若干意见》为指导,以《国民经济行业分类》(GB/T 4754—2017)为基础,确定旅游及相关产业的基本范围。根据该分类,我国旅游产业包括旅游业和旅游相关产业两大部分。旅游业是指直接为游客提供出行、住宿、餐饮、游览、购物、娱乐等服务活动的集合;

旅游相关产业是指为游客出行提供旅游辅助服务和政府旅游管理服务等活动的集合(见图 1-4,具体类别参见附录 2)。

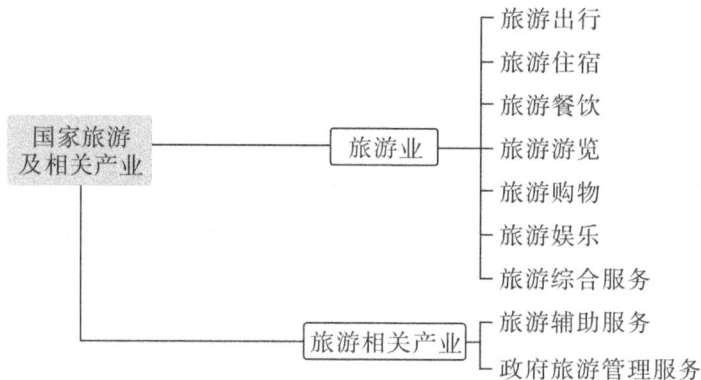

图 1-4　国家旅游及相关产业分类

旅游业包括旅游出行、旅游住宿、旅游餐饮、旅游游览、旅游购物、旅游娱乐、旅游综合服务等 7 个大类,旅游铁路运输、旅游道路运输、旅游水上运输、旅游空中运输等 25 个中类,铁路旅客运输、客运火车站、城市旅游公共交通服务、公路旅客运输、水上旅客运输、客运港口等 46 个小类(见图 1-5)。

旅游相关产业包括旅游辅助服务、政府旅游管理服务 2 个大类,游客出行辅助服务、旅游金融服务、旅游教育服务、其他旅游辅助服务、政府旅游事务管理、涉外旅游事务管理等 6 个中类,游客铁路出行辅助服务、游客道路出行辅助服务、游客水上出行辅助服务、游客航空出行辅助服务、旅游搬运服务等 17 个小类(见图 1-6)。

综观《文化及相关产业分类(2018)》与《国家旅游及相关产业统计分类(2018)》两个产业分类标准,有如下两个基本特点。

一是产业概念更为完善,产业范围更为精准。文化及相关产业的定义是"为社会公众提供文化产品和文化相关产品的生产活动的集合"。旅游及相关产业则分别定义了"旅游业"和"旅游相关产业",其中旅游业是指直接为游客提供出行、住宿、餐饮、游览、购物、娱乐等服务活动的集合,旅游相关产业是指为游客出行提供旅游辅助服务和政府旅游管理服务等活动的集合。这些都为文旅产品服务的生产活动从内涵和外延两个层面作出了解释,较为适应当前文旅领域不断涌现的新业态、新模式。

二是文旅事业和文旅产业的划分更为明晰。在国民经济行业分类中,一个行业或产业是指从事相同性质的经济活动的所有单位的集合,一般与英语中的"industry"相对应。两个产业分类标准更加关注文旅经济单位的经营性或经营规模,从而在国民统计核算中将"文旅产业""文旅事业"进行了必要的区分,"文旅产业"仅指经营性文化单位的集合,"文化事业"仅指公益性文化单位的集合,有利于明确政策适用对象、提升政府引导效率。

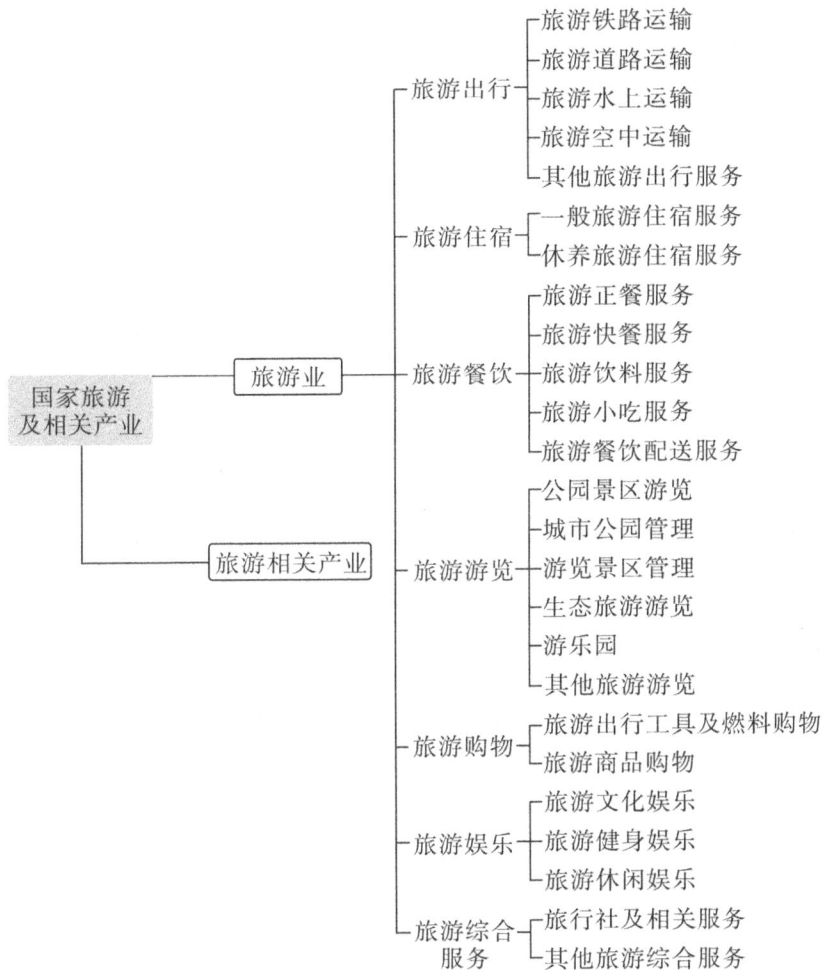

图 1-5　旅游业分类

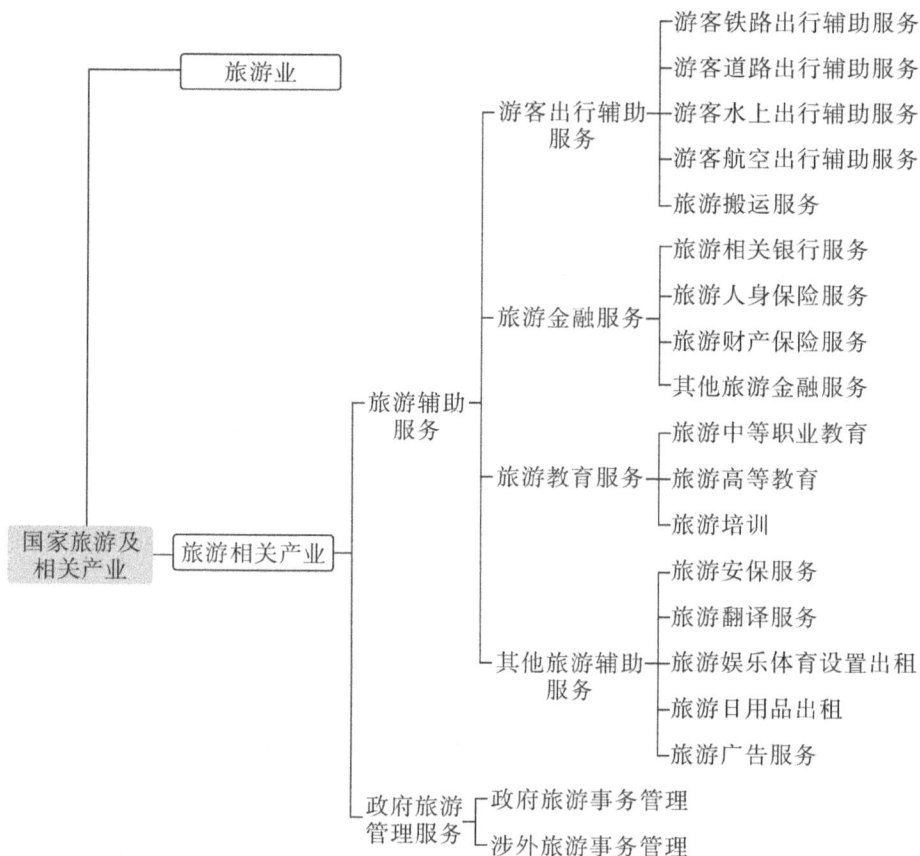

图 1-6　旅游相关产业分类

1.3　文化金融、文旅金融与"文化与金融合作"

1.3.1　历史沿革

文化金融、文旅金融和"文化与金融合作"是在我国社会主义市场经济和文化事业大发展的生动实践中应运而生的鲜活概念,具有很强的现实性和时代感。[①]

2006—2014 年,文化金融主要以"文化产业投融资"和"金融支持文化"的形态存在,强调的是金融对文化产业的支持与服务。2014 年,文化部、中国人

[①]　杨涛,金巍.中国文化金融发展报告(2017)[M].北京:社会科学文献出版社,2017.

民银行和财政部联合发布的《关于深入推进文化金融合作的意见》对"文化金融合作"进行了政策界定(具体内容参见表 1-4),虽然仍然以"为文化产业发展提供了有力的资金支持"为政策主轴,但也把"文化产业的快速发展为金融业的发展提供了新空间,已经成为金融业业务拓展转型的重要方向"作为政策立足点,并适度地平衡文化与金融这两个行业的发展。

表 1-4　《关于深入推进文化金融合作的意见》主要内容

政策目标	基本导向	具体举措
充分认识深入推进文化金融合作的重要意义		(1)文化金融合作已经成为我国文化产业发展的显著特点和重要成果,成为我国文化产业持续快速健康发展的重要动力 (2)文化产业在经济社会发展和文化建设中的重要作用日益凸显,与相关产业融合发展的步伐加快,对国民经济的贡献率不断提升
创新文化金融体制机制	创新文化金融服务组织形式	(1)鼓励金融机构设立专营机构、特色支行和文化金融专业服务团队 (2)支持设立文化类小额贷款公司
	建立完善文化金融中介服务体系	(1)支持有条件的地区建设文化金融服务中心 (2)推动文化产业知识产权评估与交易 (3)引导合规文化产权交易所参与文化金融合作 (4)建立完善多层次、多领域、差别化的融资性担保体系
	探索创建文化金融合作试验区	(1)选择部分文化产业发展成熟、金融服务基础较好的地区创建文化金融合作试验区 (2)探索金融资源与文化资源对接的新机制,引导和促进各类资本参与文化金融创新,建立文化金融合作发展的长效机制
创新符合文化产业发展需求特点的金融产品与服务	加快推动适合文化企业特点的信贷产品和服务方式创新	(1)鼓励银行业金融机构发挥各自比较优势打造适合文化企业特点的金融服务特色产品 (2)鼓励银行、保险、投资基金等机构联合采取投资企业股权、债券、资产支持计划等多种形式为文化企业提供综合性金融服务
	完善文化企业信贷管理机制	(1)鼓励银行业金融机构建立和完善针对文化企业或文化项目融资的信用评级制度 (2)完善文化贷款利率定价机制和风险管理机制

（续表）

政策目标	基本导向	具体举措
创新符合文化产业发展需求特点的金融产品与服务	加快推进文化企业直接融资	(1)鼓励大中型文化企业采取短期融资券、中期票据、资产支持票据等债务融资工具优化融资结构 (2)支持具备高成长性的中小文化企业通过发行集合债券、区域集优债券等拓宽融资渠道 (3)引导私募股权投资基金、创业投资基金等各类投资机构投资文化产业 (4)支持文化企业通过资本市场上市融资、再融资和并购重组 (5)加强对文化企业上市的辅导培育 (6)支持文化企业通过全国中小企业股份转让系统和区域性股权交易市场实现股权融资
	开发推广适合对外文化贸易特点的金融产品及服务	(1)积极支持文化企业海外并购、境外投资，推进文化贸易投资的外汇管理和结算便利化 (2)积极发挥文化金融在自由贸易区、丝绸之路经济带、海上丝绸之路等建设中的作用
	加大金融支持文化消费的力度	(1)鼓励金融机构开发演出院线、动漫游戏、艺术品互联网交易等支付结算系统 (2)探索开展艺术品、工艺品资产托管，鼓励发展文化消费信贷 (3)鼓励文化类电子商务平台与互联网金融相结合，促进文化领域的信息消费
	推进文化产业与相关产业融合发展	(1)认真研究相关产业融合发展的趋势和融资特点，研究项目融资的行业标准 (2)推动互联网金融业务与文化产业融合发展
	创新文化资产管理方式	(1)推进符合条件的文化信贷项目资产证券化 (2)提高文化类不良资产的处置效率
加强组织实施与配套保障		(1)文化部、中国人民银行、财政部建立文化金融合作部际会商机制 (2)加强文化金融公共服务 (3)加强财政对文化金融合作的支持

我国对文旅产业发展越来越重视，根据党的十九届三中全会审议通过的《中共中央关于深化党和国家机构改革的决定》《深化党和国家机构改革方案》和第十三届全国人民代表大会第一次会议批准的《国务院机构改革方案》，国务院决定设立"中华人民共和国文化和旅游部"。伴随着行政体制改革，文旅产业与金融的合作通常也被称为"文旅金融"。

1.3.2　概念辨析

上述进展表明，"文化金融""文旅金融"与"文化与金融合作"三个基本概念既存在共同点，也存在一些理论差异（见图 1-7）。

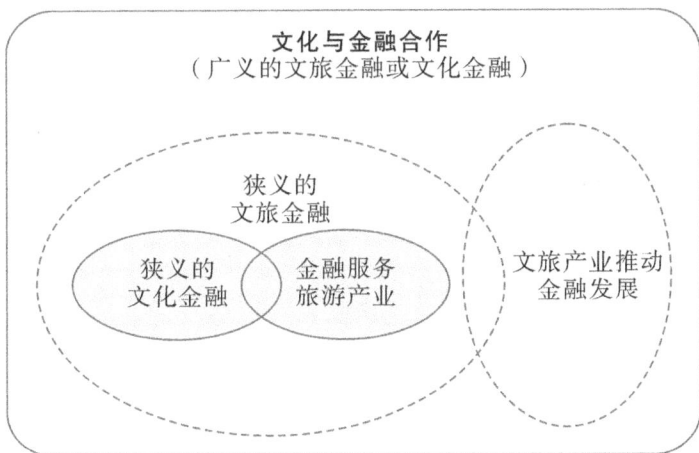

图 1-7　文化与金融合作概念辨析

第一，狭义的文化金融主要指的是金融如何有效促进文化产品和服务的生产与消费，即金融适应文化产业特性，在银行贷款、上市融资、保险保障、征信服务等层面对于文化产业的支持和服务。

第二，如果在狭义的文化金融基础上增加金融对旅游产业的支持，那么文化金融就可以拓展为"文旅金融"。随着文化、旅游的深度融合发展，虽然文旅金融的范围大于狭义的文化金融，但在实际应用中文化金融和文旅金融完全可以互换使用。

第三，广义的文旅金融主要指的是文化产业、旅游产业与金融产业之间的融合发展。主要包括两层含义：一方面，金融要服务文化产业（即狭义的文化金融和文旅金融）；另一方面，文化产业也应该为金融发展提供新市场、新方向和新场景。

因此，广义的文旅金融就是"文化与金融合作"，即"金融服务文化产业、文化赋能金融发展"。文化与金融合作的根本目标是文化旅游产业高质量发展，核心举措则是推动和鼓励各类文化金融创新，包括产品服务创新、中介体系创新、企业信用评级创新等，其中最为关键的是以创建文化金融合作试验区为代表的政策载体创新。

如果没有特别说明,本书中的"文化金融"或"文旅金融"指的是广义的文化金融,与"文化与金融合作"可以替换使用。

1.4 研究框架与主要结论

1.4.1 研究框架

本书主要包括三大部分:一是理论分析,在文化与金融合作的概念辨析基础上,通过理论建模和实证分析等研究方法探讨文化与金融合作的经济动因、微观决策、产业合作特征等;二是调研分析,以宁波为典型案例,针对文旅企业的间接融资、直接融资、保险创新等三大层面的产品服务创新进行梳理和总结;三是研究建议,在理论建模和调研分析的基础上,对宁波的文旅数字普惠金融发展提出相关政策建议(见图1-8)。

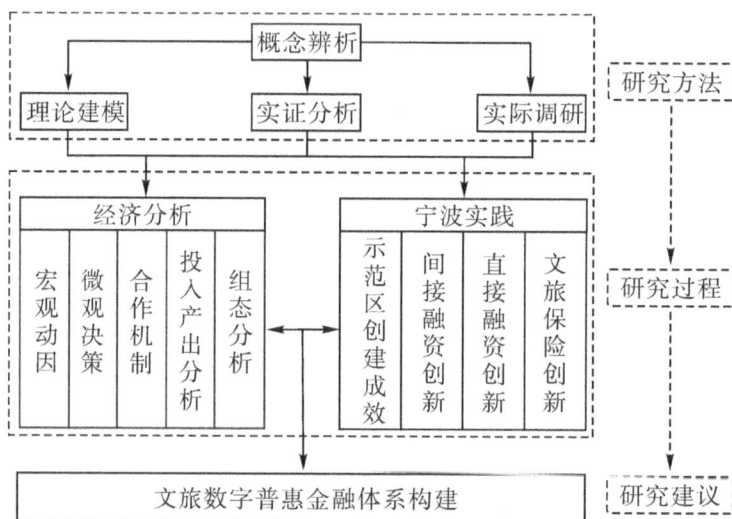

图 1-8 研究框架

1.4.2 主要结论

通过对"文化金融""文旅金融"与"文化与金融合作"的概念辨析,狭义的文化金融或文旅金融主要指的是金融如何有效促进文旅产品和服务的生产与消费,广义的"文化金融"主要指的是文化产业、旅游产业与金融产业之间的融合发展,也就是"文化与金融合作",即"金融服务文化产业、文化赋能金融发展",因此,"文化金融""文旅金融"与"文化与金融合作"等词语在本书中基本可以互换使用。文化与金融合作的根本目标是文化旅游产业高质量发展,核心举措则是推动和鼓励各类文化金融创新。

通过理论模型分析发现,无论是从短期来看还是就长期而言,加大金融扶持力度都是推动文化产业发展的重要手段,文化与金融合作发展是推动文化产业发展的必要手段。从文化金融的需求侧和供给侧进行分析发现,建设一个较为稳定的文化金融市场是完全可行的。因此,支持有条件的地区先行创建"国家文化与金融合作示范区"是非常好的政策选项。一方面,可以在短时间内集聚必要的资源进行创新;另一方面,可以为其他地区提供可推广、可复制的经验,避免重复建设造成的资源浪费。

通过实证分析发现,我国的文化产业和金融业都对国民经济发展起到了较为显著的推动作用,但是文化与金融合作发展还处于起步阶段,其合作效能没有显著地推动文化产业高质量发展,未能显著地赋能金融发展,也未能显著地推动社会经济发展。具体到宁波,文化与金融发展"两张皮"的现象同样突出。因此,无论是就全国而言,还是就具体地区而言,文化与金融合作发展都需要深入研究。

通过对宁波文旅间接融资(即银行信贷)的调研发现,在目前条件下,间接融资依然是文化企业最主要也是首选的外源性融资形式。在推动文旅企业间接融资层面,创设各类专营机构、优化信贷审批机制、整合各方力量分摊信贷风险等已经在宁波实践中被证明是极为有效的,对解决中小文旅企业的融资难、融资贵、融资慢问题有很强的现实意义。

在宁波实践中,文旅企业直接融资创新主要表现为两个层面:一是基于"投贷联动"的直接融资,即通过银行、小额贷款公司等间接融资创新,逐步叠加创投基金、产业基金等直接融资形式;二是直接融资服务平台建设,地方资本市场挂牌、大型文化金融对接会等形式可以为文旅企业和文旅项目提供更大的展示平台,帮助其获得直接融资。

文化与金融合作发展中,保险创新不容忽视。文旅保险创新对于文旅产业发展有三大助推作用:一是保险可以保障文旅企业更好地应对风险,帮助企业渡过难关,特别是在疫情防控条件下,保险的风险保障职能可以发挥更大作用;二是政保合作(如宁波实施的"全域旅游保险")可以为政府引导文旅行业发展提供政策抓手,更好地适应政府进行社会治理创新时所遇到的财政约束;三是保险资金同样是解决文旅企业融资问题的重要资金来源。

文旅行业以中小企业为主体,从金融需求规模来看存在着"额小量大"问题,从金融供给时效来看存在着"短小频急"特点,单纯依赖传统的金融机构和金融服务很难满足大量文旅中小企业的金融需求。因此,大力发展文旅数字普惠金融就成为深化文化与金融合作发展的重要突破口。

2 文化与金融合作发展的经济动因分析

本章主要运用经济学分析框架,从两个层面对文化与金融合作发展的经济动因进行理论分析:一是基于宏观经济学原理,通过理论模型将文化产业和金融部门置于宏观经济分析之中,研究文化与金融合作对整个经济的基本影响,为文化与金融合作发展的必要性提供理论支撑;二是基于实地调研、座谈会等第一手资料,以宁波文化企业作为微观主体,深入探讨文化与金融合作的难点和痛点,在此基础上研究微观决策的可行政策选项。最后,基于理论分析结论进行必要的政策推演。

2.1 文化与金融合作发展必要性的宏观经济分析

2.1.1 基准模型

假设一个经济体内文化产业的生产函数为柯布-道格拉斯函数(Cobb-Douglas),即:

$$CI = AK^{\beta}L^{1-\beta} \tag{2-1}$$

其中:CI 为文化产业产值,A 为常数,K 为文化产业投入的资本,L 为文化产业劳动数量。

假设该经济体总产出为 Y,不考虑政府和国际贸易的情况下的国民支出恒等式:

$$Y = C + I \tag{2-2}$$

其中:C 为社会总消费,I 为社会总投资。

作为国民经济中重要组成部分,文化产业的行业投资规模与劳动均来自整个宏观经济体系,因此,进一步假设劳动 L 相对于 K 或 I 来说为外生变量,而文化产业的行业投资规模 K 来自两个层面:

一是外部融资,即文化产业通过银行贷款、股权融资等形式获得的外部资金规模,假设外部融资规模与社会总投资 I 之间存在较为稳定的比例关系 k_1,因此称其为外部融资比例。

二是内部融资,即文化产业通过居民文化消费转化为销售收入,在此期间实现的部分利润作为资本投入文化产业之中。因此,假设文化消费占社会总消费的比例一定,文化产业利润占文化消费规模的比例一定,内部融资规模占利润的比例一定,三个比例相乘后的积 k_2 即为内部融资与总消费水平的比例,称 k_2 为内部融资比例。

上述关系可以描述为:

$$K = k_1 I + k_2 C \tag{2-3}$$

显然,文化产业、金融部门以及整个宏观经济之间的数量关系可以描述如下:

$$\begin{cases} CI = AK^{\beta}L^{1-\beta} \\ K = k_1 I + k_2 C \\ Y = C + I \end{cases} \tag{2-4}$$

2.1.2　短期模型

在短期条件下假定社会总产出 Y 为常数,因此式(2-2)可化为:

$$C = Y - I \tag{2-5}$$

相应地,式(2-3)化为:

$$K = (k_1 - k_2)I + k_2 Y \tag{2-6}$$

将式(2-6)代入式(2-1)可得:

$$CI = A\left[(k_1 - k_2)I + k_2 Y\right]^{\beta}L^{1-\beta} \tag{2-7}$$

式(2-7)对 I 求导可得:

$$\frac{dCI}{dI} = A \cdot \beta \cdot (k_1 - k_2) \cdot L^{1-\beta} \cdot \left[(k_1 - k_2)I + k_2 Y\right]^{\beta-1} \tag{2-8}$$

定义文化产业增长率为:

$$g = \frac{\Delta CI}{CI} \tag{2-9}$$

显然,g 对 I 求导可得:

$$\frac{dg}{dI} = \frac{dCI/CI}{dI} = \beta \cdot \frac{k_1 - k_2}{(k_1 - k_2)I + k_2 Y} \tag{2-10}$$

主要推论如下(见图 2-1)。

在短期的社会总产出一定的条件下,文化产业的外部融资与内部融资有一定的替代效应,特别是当外部融资呈现较高水平时(即 $k_1 > k_2$),社会投资规模会显著促进文化产业的发展。

当文化产业极度欠缺外部融资时,即 k_1 趋近于 0,即 $k_2 > k_1$ 时,文化产业无法通过自我积累实现产业发展,随着社会投资规模的提高反而会导致产业萎缩。

前两个结论对于文化产业增长也是适用的,当外部融资水平呈现出较高水平(即 $k_1 > k_2$)时,社会投资规模的提高会显著提升文化产业的发展速度。同样地,当文化过度依赖自我积累时,社会投资规模的提高反而会降低文化产业的增速。

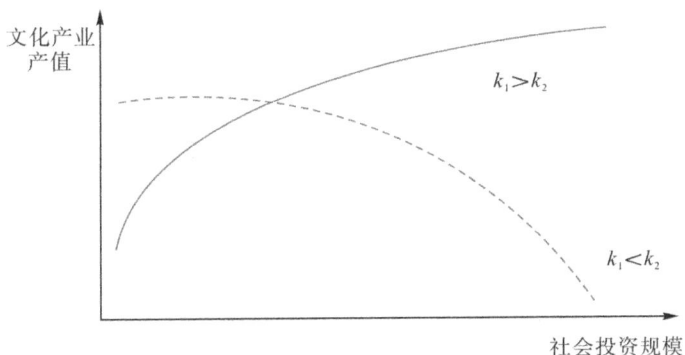

图 2-1 文化与金融合作发展的短期效应

2.1.3 长期模型

在长期条件下,社会总产出 Y 会受到社会总投资 I 和社会总消费 C 的影响。根据式(2-4)所描述的数量关系,进一步做如下假设。

根据凯恩斯的绝对收入假说,社会总产出 Y 与社会消费 C 的数量关系为:

$$C = \alpha Y \tag{2-11}$$

显然,Y 与 I 的数量关系为:

$$I = (1-\alpha)Y \quad \text{或} \quad Y = \frac{1}{1-\alpha}I \tag{2-12}$$

将式(2-11)和式(2-12)代入式(2-3)得:

$$K = k_1 I + k_2 C = k_1(1-\alpha)Y + k_2\alpha Y = [(1-\alpha)k_1 + \alpha k_2]Y \quad (2\text{-}13)$$

将式(2-13)代入式(2-1)得:

$$CI = A[(1-\alpha)k_1 + \alpha k_2]^\beta Y^\beta L^{1-\beta} \quad\quad\quad (2\text{-}14)$$

式(2-7)对 I 求导可得:

$$\frac{\mathrm{d}CI}{\mathrm{d}I} = \frac{\mathrm{d}CI}{\mathrm{d}Y} \cdot \frac{\mathrm{d}Y}{\mathrm{d}I}$$

$$= A[(1-\alpha)k_1 + \alpha k_2]^\beta L^{1-\beta} \beta Y^{\beta-1} \cdot \frac{1}{1-\alpha}$$

$$= \frac{A \cdot \beta \cdot [(1-\alpha)k_1 + \alpha k_2]^\beta}{1-\alpha} \cdot \left(\frac{L}{Y}\right)^{1-\beta} > 0 \quad (2\text{-}15)$$

同理,文化产业增长率 g 对 I 求导可得:

$$\frac{\mathrm{d}g}{\mathrm{d}I} = \frac{\mathrm{d}CI/CI}{\mathrm{d}I} = \frac{\beta}{1-\alpha} \cdot \frac{CI}{Y} > 0 \quad\quad (2\text{-}16)$$

主要推论如下(见图 2-2)。

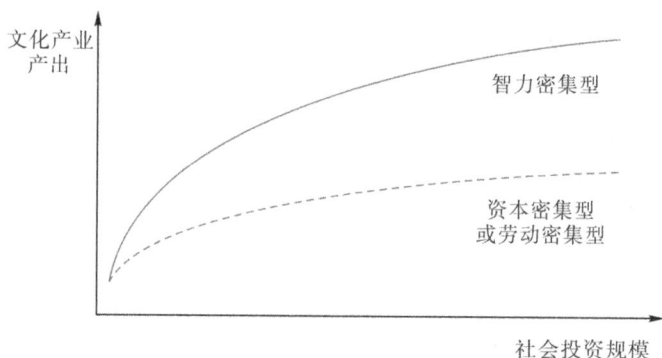

图 2-2　文化与金融合作发展的长期效应

在长期条件下,文化产业会随着社会总产出的增长而持续增长,同时也会随着社会投资规模的提升而提升,而且外部融资和内部融资的作用都是非常显著的。

社会总投资推动文化产业发展的效能受到文化产业劳动投入的巨大影响,即文化产业劳动水平提升直接导致了社会总投资对文化产业产出的高水平推动,这也提示我们应该重视利用金融支持政策实现文化产业的转型发展。

社会总投资推动文化产业增长率的提高也是正向的,其效能与文化产业在社会总产出所占比例密切相关。

2.1.4　政策含义

无论是从短期来看还是就长期而言,加大金融扶持力度都是推动文化产业发展的重要手段。因此,文化与金融合作发展已经成为中国文化产业发展的基本特征,也是未来中国文化产业发展的基本趋势和方向。

从短期来看,更应该重视外部融资支持。如果单纯依赖文化产业自身的资金积累,很容易造成产业整体产出水平下降,对行业整体发展产生极大的负面影响。这一结论也能够证明,面对新冠肺炎疫情剧烈冲击的现实环境,我国各级政府针对蒙受暂时困难的文化企业,鼓励各类金融机构提供应急融资和风险管理产品来对冲疫情影响,这一做法在理论上无疑是正确和必要的。

从长期来看,文化与金融合作发展的主要目标在于帮助文旅行业实现转型升级,即通过金融扶持提升人力、智力因素在产业发展中的比重,从而激发行业发展的新动能。这也提示我们应关注文化产业中的大项目、大平台建设,关注文化金融基础设施建设,关注文化产业的长期性资本投入。

2.2　文化与金融合作发展可行性的微观决策分析

2.2.1　基于宁波文旅企业调研的文化与金融合作痛点分析

自 2020 年 3 月到 2021 年 6 月,本书课题组围绕宁波创建国家文化与金融合作示范区主要工作,对动漫、民宿、旅行社、景区等行业协会和典型企业进行了实地调研。与此同时,围绕文化金融的供给侧,前往农行宁波文创支行、工行宁波鼓楼支行、宁波股权交易中心、人保宁波分公司、宁波市文化金融服务中心等金融机构和金融中介服务机构展开调研,主要结果参见本书第 5—7 章的相关内容。

在调研中,我们发现文化与金融合作存在诸多微观痛点,主要包括以下三个方面。

第一,文化与金融存在信息不对称。金融机构不熟悉文旅企业的业务模式,无法对小微文旅企业进行风险评估。同时,小微文旅企业对金融业务不了解,不重视企业财务管理,导致无法获得金融机构的重视。

第二，文化与金融存在供求不平衡。文旅企业规模通常不大，所需资金也不多。金融机构则习惯于向优势企业、有充足抵押的企业发放贷款，对单个小微文旅企业且无法提供充足抵押的小额资金需求兴趣不高。

第三，文化与金融存在认知不清晰。在调研中，金融机构最常问的一个问题就是"文化产业到底包括哪些行业"，这表明金融机构通常不会对文旅企业进行细分行业分析，往往一概而论，对于文旅细分行业很难进行定制化金融服务。相应地，文旅企业则只对银行贷款感兴趣，对自身的诸多风险缺乏全面的了解，以至于一谈及文化与金融合作，其思维就限定在如何获得银行贷款，而对创投、保险、融资租赁等金融服务要么不了解，要么低估其作用和价值。

2.2.2　文化与金融合作的基本假设与供需现状分析

在上述痛点分析的基础上，微观假设及其供需状况分析如下（见图 2-3）。

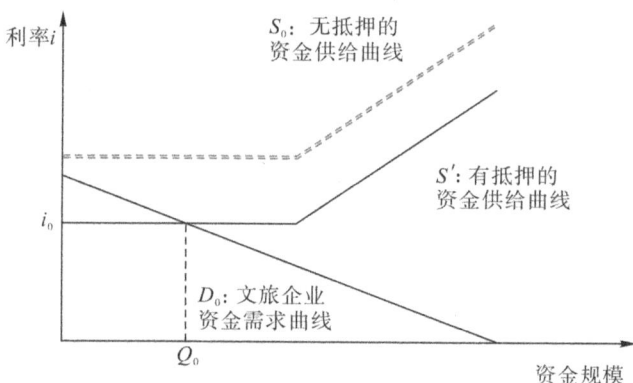

图 2-3　文化与金融合作的供需现状分析

第一，由于文旅企业规模相对较小，其资金需求相对较小且能够承受的利率水平较低，文旅企业资金需求曲线形态为 D_0。

第二，作为贷款提供者，银行针对有抵押（担保）和无抵押（担保）采用两种不同的利率，其中有抵押利率显著低于无抵押利率。同时，随着利率提高，贷款规模也会相应提高。无论银行贷款规模如何小，有抵押贷款利率一般不会低于基准利率。因此，资金供给曲线在一定范围内是水平的，超过一定规模后倾斜向上。与有抵押资金供给曲线类似，无抵押资金供给曲线也呈现先水平后递增的情况；同时，假设无抵押利率与有抵押利率之间的息差在任何一个资金供给水平上都是相同的。因此，有抵押的资金供给曲线为 S'，无抵押的资金供给曲线为 S_0。

第三，假设 D_0 与 S' 处于较低水平的供需平衡点，所对应的资金规模为 Q_0，利率水平为 i_0。同时，假设 D_0 与 S_0 不存在供需平衡点。对应的现实状况为头部文旅企业或者有国资背景的文旅企业融资水平一般较高，但民营小微企业则有较大的融资缺口。换言之，在文旅企业能够提供充足抵押或担保的条件下，还可以获得一定规模的资金。一旦文旅企业不能提供抵押或担保，在没有其他条件改善的情况下，文旅企业就无法获得银行贷款。

2.2.3 文化与金融合作的需求侧改革分析

根据对图 2-3 的分析可以发现，小微文旅企业由于缺乏必要的抵押和担保，很容易造成资金供需失衡的问题，因此需要从资金需求侧考虑优化文旅企业的融资规模，其关键点就在于提升文旅企业的资金需求，核心工作只有一个，就是支持文旅企业做大做强。打铁还需自身硬，只有文旅企业做大做强，自身具备较大规模的真实资金需求，具备可信稳定的还款来源，并且有较好的成长预期，才能推动文化金融发展。为此，一要将稳预期与保市场主体相结合。2019 年末，新冠肺炎疫情突如其来，文旅产业经受了严峻考验，国家和地方政府及时推出各类帮扶政策，切实支持文旅企业恢复发展，很多地方更是逆势发展，这对于文旅产业发展提供了宝贵的政策实施经验。二要将稳就业与保居民就业相结合。文旅产业发展的核心是人，只有人的安居乐业才能保证文化产业既有充足的人力资源储备，又有广阔的市场空间。因此，支持产业发展要学会"两条腿走路"，一方面，要培育和引进高水平文创人才；另一方面，要保有较大规模的文旅人力资源。三要将稳投资与保产业链、供应链稳定相结合。支持优势文旅企业加强自身的经营管理，提升风险防控能力，在此基础上支持文旅企业进行稳健产业投资；同时，政府也要拓展政策思路，从产业链和供应链入手，建设文旅产业基础设施，为企业发展奠定社会基础。

当文旅企业资金需求曲线从 D_0 提升到 D_1 后（见图 2-4），可以发现：

第一，随着企业经营和管理水平的提高，盈利水平也会随之提高，无论有没有抵押担保，都会形成供需平衡从而获得资金支持。

第二，在有抵押担保条件下，资金规模从 Q_0 提高到 $Q_0{}'$，而利率从 i_0 提

高到 i_0'。这是因为随着企业实力提升，其抵押品的种类大幅增加，不仅包括房地产、固定设备等常规固定资产，也将包括专利、商标等知识产权，贷款利率应该会小幅上涨。

第三，在无抵押担保条件下，将从原来没有供需均衡点变动为出现了供需平衡点，即文旅企业开始获得较为稳定的信用贷款。虽然利率维持在较高水平，但随着信用贷款市场的逐步出现，政府、金融监管部门就有了供给侧改革的基础，为文化与金融合作发展提供了广阔天地。

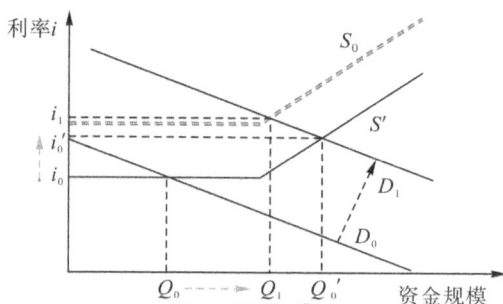

图 2-4　文化与金融合作的需求侧改革

2.2.4　文化与金融合作的供给侧创新分析

随着文旅信用贷款市场的出现，很多文化金融产品服务创新就有了保障。文化金融产品服务创新的根本在于将信用贷款的供给曲线从 S_0 降低到 S_1（为了论述方便，本部分不会特意分析有抵押的情况），主要考虑的供给侧创新包括三方面。

第一，建立专营机构。专营机构的最大优势是可以在短期内集中优质团队对细分市场进行深度发掘，有效降低金融机构成本，满足金融机构对规模效益的要求。

第二，设立专项资金。这是政府支持文旅产业发展的常规做法，一般要求经办金融机构按照特定比例匹配信贷资金。这一做法的优势在于直接提升资金供给规模，较好地起到了引导作用。

第三，加大担保扶持。在信用贷款的基础上，通过保证保险、政策性担保等形式逐步叠加担保要素可以有效缓解银行贷款发放难度，实现文旅贷款规模的跃升。

当无抵押的供给曲线 S_0 下降到 S_1,信用贷款规模从原来的 Q_1 升高到 Q_2,利率则从 i_1 下降到 i_2,与有抵押贷款利率和基准利率之间利差也会出现缩小的趋势(见图 2-5)。

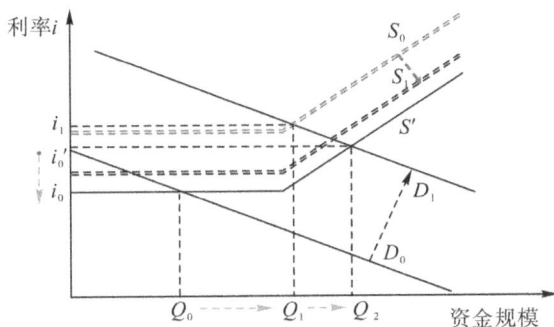

图 2-5 文化与金融合作的供给侧创新分析

2.3 基本结论与政策含义

无论是从短期来看还是就长期而言,加大金融扶持力度都是推动文化产业发展的重要手段。因此,文化与金融合作发展已经成为中国文化产业发展的基本特征,也是未来中国文化产业发展的基本趋势和方向。

文化与金融合作的重点在于解决文化产业发展的痛点,实现文化产业的高质量发展。从文化金融的需求侧和供给侧进行分析发现,建设一个较为稳定的文化金融市场是完全可行的。其不仅可以实现文化金融的供需平衡,而且可以为各类政策提供必要的实施基础。

上述主要结论的一个实践应用就是如何建立一个文化金融市场。通过调研以及后续研究,我们发现,支持有条件的地区先行创建"国家文化与金融合作示范区"是非常好的政策选项。一方面,可以在短时间内集聚必要的资源进行创新;另一方面,可以为其他地区提供可推广、可复制的经验,避免重复建设造成的资源浪费。

3 文化与金融合作发展经济效应的实证分析

本章在第 2 章理论分析的基础上，从三个层面对文化与金融合作发展所产生的经济效应进行实证分析：一是从宏观层面对文化与金融合作的发展现状及其对国民经济的推动作用进行定量描述与分析；二是从产业层面对文化与金融的产业互动进行投入产出分析；三是从区域层面针对文化与金融合作发展较好的地区，利用定量比较分析（QCA）方法，对典型城市的文化与金融合作发展的不同组态与路径进行总结归纳。

3.1 我国文化与金融合作发展的现状分析

3.1.1 我国文旅产业分类的历史演进与数据来源

自我国文化产业进行专项统计以来，其统计分类标准共经历了三次调整。第一次是 2004 年根据《国民经济行业分类》（GB/T 4754—2002）制定的《文化及相关产业分类（2004）》。第二次则是 2012 年以《国民经济行业分类》（GB/T 4754—2011）为基础，借鉴了联合国教科文组织的《文化统计框架—2009》的分类方法，并考虑文化生产活动特点，兼顾政府部门管理的需要而制定的。最近的一次修订则是在 2018 年，为深化文化体制改革和持续推进社会主义文化强国建设，建立科学可行的文化及相关产业统计制度，依据《国民经济行业分类》（GB/T 4754—2017）而制定（详见附录 1）。

与文化产业分类相类似，我国第一个国家旅游及相关产业分类颁布于2015 年，最近的分类标准则颁布于 2018 年，具体内容见附录 2。由于旅游及相关产业分类标准颁布较晚，产业增加值信息相对较少，因此，本章未将旅游产业增加值纳入分析。

由于统计标准产生的差异，各年度文化产业增加值数据虽然并不适用于严格的数据比较，但是其趋势性和规律性仍然值得深入分析。如无特别说明，本章收集的文化及相关产业增加值数据均整理自 2017—2020 年的《中国文化金融发展报告》，GDP、金融业数据以及各省区域生产总值、文化、旅游等数据均整理自"国家数据"(https://data.stats.gov.cn)。

3.1.2 我国文化产业发展的基本特征

第一，从长期看，我国文化产业规模无论是绝对规模还是相对规模都持续提高。2005 年，我国文化及相关产业增加值为 4253 亿元，占当年 GDP 的比重为 2.27%。2019 年，增加值提升至 4.44 万亿元，占当年 GDP 的比重提高到 4.50%。在最近的 14 年里，文化产业的绝对规模增长超过 10 倍，年均复合增长率超过 18%，而相对规模（占 GDP 比重）增长达到 1.98 倍，年均提高 0.16 百分点（见图 3-1）。

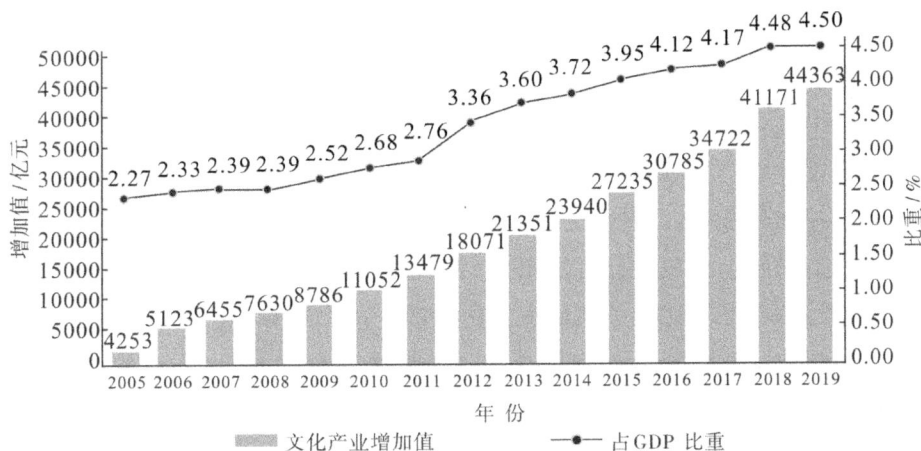

图 3-1　文化产业绝对规模与相对规模
数据来源：整理自 2017—2020 年《中国文化金融发展报告》。

第二，从产业增速来看，文化产业平均增速高于宏观经济和信贷，但波动水平也较高。2005—2019 年，文化产业年增长率的算术平均值高达 19.66%，超过信贷的 15.75% 和 GDP 的 12.93%。相应地，文化产业年增长率的标准差为 8.22%，高过信贷的 5.21% 和 GDP 的 5.07%（见图 3-2）。这表明文化产业已经成为国民经济中新的增长点，同时也受到诸多因素的影响，产业波动程度较高。

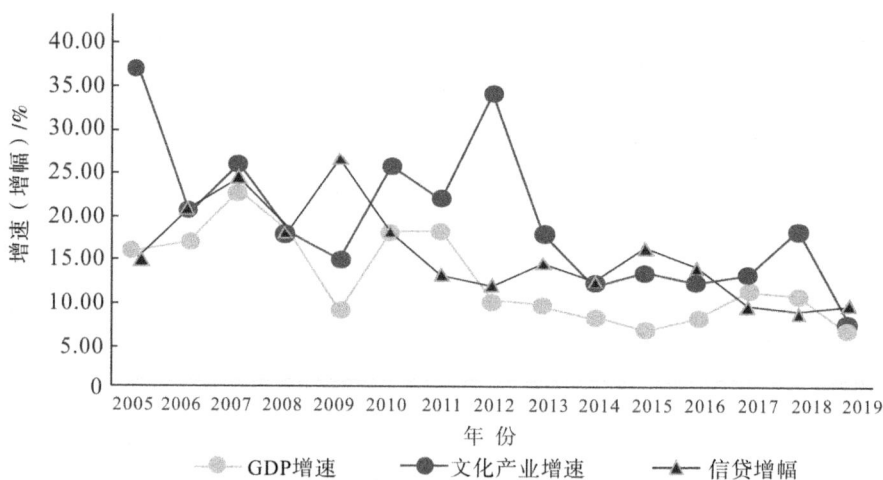

图 3-2 文化产业年增长率比较

数据来源:文化产业数据整理自 2017—2020 年
《中国文化金融发展报告》,其他数据均整理自国家数据。

第三,从产业内部结构来看,内容创作和创意设计已经成为推动文化产业发展的主要板块。由于统计制度的变动,只选取 2018 年和 2019 年的文化及相关产业各板块的增加值进行比较(见表 3-1),可以发现以下 4 个基本特点:一是文化核心领域占文化产业总增加值的比重超过六成,且增速超过 10%,居于主导地位;二是在文化核心领域中内容创作占文化产业总增加值的比重超过两成,创意设计占比超过 17%,增速保持在 7% 左右,是文化产业的主要板块;三是文化相关领域中文化辅助生产和中介、文化消费终端生产居于主流,是文化与制造业相融合的主要板块;四是一些细分领域,如文化传播渠道等,可能具有爆发式增长潜力。

表 3-1 2018—2019 年文化及相关产业结构分析

分类名称	2019 年		2018 年		两年比较	
	增加值/亿元	构成/%	增加值/亿元	构成/%	增速/%	构成变动/%
文化及相关产业	44 362.7	100	41 171	100	7.75	0
文化核心领域	30 757.4	69.3	27 522	66.8	11.76	2.5
新闻信息服务	5 782.7	13.0	5 606	13.6	3.15	−0.6

（续表）

分类名称	2019 年		2018 年		两年比较	
	增加值/亿元	构成/%	增加值/亿元	构成/%	增速/%	构成变动/%
内容创作生产	9 288.5	20.9	8 662	21.0	7.23	−0.1
创意设计服务	7 640.4	17.2	7 176	17.4	6.47	−0.2
文化传播渠道	5 272.2	11.9	3 371	8.2	56.40	3.7
文化投资运营	378.5	0.9	388	0.9	−2.45	0
文化娱乐休闲服务	2 395.2	5.4	2 318	5.6	3.33	−0.2
文化相关领域	13 605.2	30.7	13 649	33.2	−0.32	−2.5
文化辅助生产和中介服务	6 992.1	15.8	6 791	16.5	2.96	−0.7
文化装备生产	1 871.5	4.2	1 994	4.8	−6.14	−0.6
文化消费终端生产	4 741.6	10.7	4 864	11.8	−2.52	−1.1

数据来源：国家统计局官网。

3.2　文化与金融合作推动国民经济发展的机制分析

3.2.1　分析思路与变量选择

在国民经济统计视角下，文旅产业、金融行业都是整个国民经济中重要的组成部分，两大行业对于社会经济发展的基本影响路径主要包括三条：一是金融支持文旅产业发展，继而文旅产业推动社会经济发展，即图 3-3 中的路径①＋②；二是文旅产业自身推动社会经济发展，即路径②；三是金融行业自身推动社会经济发展，即路径③。随着文化与金融合作的深入发展，文旅产业、金融行业推动社会经济发展的机制将更加丰富和有效，即金融对文旅产业单向的支持，转变为文旅产业与金融行业的合作互动，从而更大程度推动社会经济发展。

由于我国文化产业积累的宏观数据相对较少，且文化产业增加值绝对规模呈现指数级增长态势，即使进行两阶差分也很难平稳，实证分析会丧失很多统计信息，使得结果有很大的统计不稳定性。因此，本部分选取的指标为文化及相关产业增加值的年增长率、GDP 年增长率以及信贷年增长率，对上述三个指标进行时间序列分析，观察上述机制是否已经在起作用。

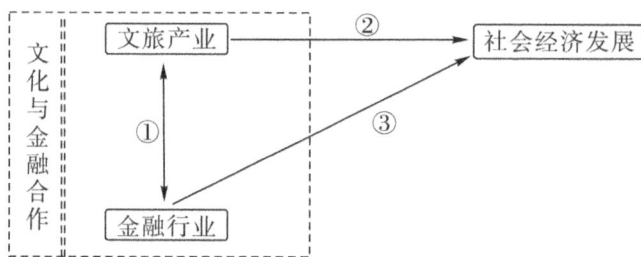

图 3-3 文旅产业和金融行业推动社会经济发展的主要路径

3.2.2 描述性统计与单整检验

对文化及相关产业增加值的年增长率 culture、国内生产总值年增长率 GDP 以及信贷年增长率 loans 进行描述性统计，具体结果如表 3-2 所示。

表 3-2 描述性统计

变量名	culture	GDP	loans
经济含义	文化及相关产业增加值年增长率	全国国内生产总值年增长率	全国信贷年增长率
单位	％	％	％
起始年份	2005	2005	2005
终止年份	2019	2019	2019
样本量/个	13	13	13
均值	19.66	12.93	15.75
标准差	8.22	5.07	5.21

数据来源：文化及相关产业数据整理自 2017—2020 年《中国文化金融发展报告》，GDP 与信贷数据均整理自国家数据。

为了避免时间序列自相关性经常造成的"伪回归"，继续对 culture、GDP、loans 等数据进行 ADF 单整检验，具体结果如表 3-3 所示。结果显示，culture 在"无截距、无趋势"和"有截距、无趋势"两种情况且 10％的第一类错误条件下为白噪声过程，GDP 在"无截距、无趋势"和"有截距、有趋势"两种情况且 5％的第一类错误条件下为白噪声过程，loans 则只在"有截距、有趋势"情况且 10％的第一类错误条件下为白噪声过程。

考虑到时间跨度较小,可以认为 culture、GDP、loans 的数据生成过程均为平稳的,因此可以直接用于回归分析。

表 3-3　ADF 单整检验

ADF 检验		culture	GDP	loans
无截距 无趋势	T 值	−1.79	−2.26	−0.73
	p 值/%	7.00	3.00	38.18
有截距 无趋势	T 值	−3.10	−1.42	−1.51
	p 值/%	5.01	54.00	49.81
有截距 有趋势	T 值	−3.20	−4.22	−3.44
	p 值/%	13.55	3.00	9.67

资料来源:根据 EViews 输出结果自行整理。

3.2.3　向量自回归建模

为了证实 culture、GDP 和 loans 之间的系统相关性,对三个变量进行向量自回归(Vector Auto Regression,VAR)建模。根据分析思路,假设三个变量均为内生变量,VAR 估计的系统表达式为:

$$culture=2.32+0.02\times culture(-1)+0.15\times culture(-2)+0.23\times GDP(-1)+0.23\times GDP(-2)+0.14\times loans(-1)+0.24\times loans(-2)$$

$$GDP=-2.37+0.19\times culture(-1)+0.08\times culture(-2)+0.33\times GDP(-1)-0.43\times GDP(-2)+0.79\times loans(-1)-0.10\times loans(-2)$$

$$loans=0.24-0.19\times culture(-1)+0.22\times culture(-2)-0.06\times GDP(-1)+0.52\times GDP(-2)+0.28\times loans(-1)+0.21\times loans(-2)$$

VAR 参数估计与统计检验如表 3-4 所示,方差分解与脉冲响应结果如图 3-4 和图 3-5 所示。按照 3.2.1 的分析思路,在所有的路径中,唯一可以被证实的就是信贷增长对 GDP 的支持作用,而文化产业对 GDP 的推动作用、金融对文化产业的支持作用均没有得到证实。这表明我国文化与金融合作还处于起步阶段,亟须总结经验,推动文化产业高质量发展。

表 3-4   VAR 估计结果

变量	culture	GDP	loans
culture(−1)	0.021 217	0.186 62	−0.190 84
	(0.463 64)	(0.212 27)	(0.220 55)
	[0.045 76]	[0.879 15]	[−0.865 27]
culture(−2)	0.150 826	0.078 196	0.216 196
	(0.375 18)	(0.171 77)	(0.178 47)
	[0.402 01]	[0.455 23]	[1.211 36]
GDP(−1)	0.229 806	0.326 421	−0.059 405
	(0.801 83)	(0.367 11)	(0.381 43)
	[0.286 60]	[0.889 18]	[−0.155 74]
GDP(−2)	0.229 199	−0.434 337	0.515 36
	(0.645 63)	(0.295 59)	(0.307 13)
	[0.355 00]	[−1.469 37]	[1.678 00]
loans(−1)	0.143 724	0.789 272	0.283 797
	(0.587 14)	(0.268 81)	(0.279 30)
	[0.244 79]	[2.936 12]	[1.016 09]
loans(−2)	0.237 13	−0.100 781	0.209 157
	(0.805 33)	(0.368 71)	(0.383 10)
	[0.294 45]	[−0.273 33]	[0.545 96]
常数项	2.315 379	−2.367 63	0.283 728
	(12.037 7)	(5.511 30)	(5.726 35)
	[0.192 34]	[−0.429 60]	[0.049 55]
R^2	0.325 484	0.734 836	0.732 937
调整后的 R^2	−0.349 031	0.469 671	0.465 875
F 值	0.482 545	2.771 245	2.744 44
对数极大似然值	−40.961 46	−30.805 32	−31.302 92
AIC	7.378 687	5.816 203	5.892 757
SC	7.682 89	6.120 407	6.196 961

数据来源:根据 EViews 输出结果自行整理,其中( )中为标准误,[ ]中为 T 值。

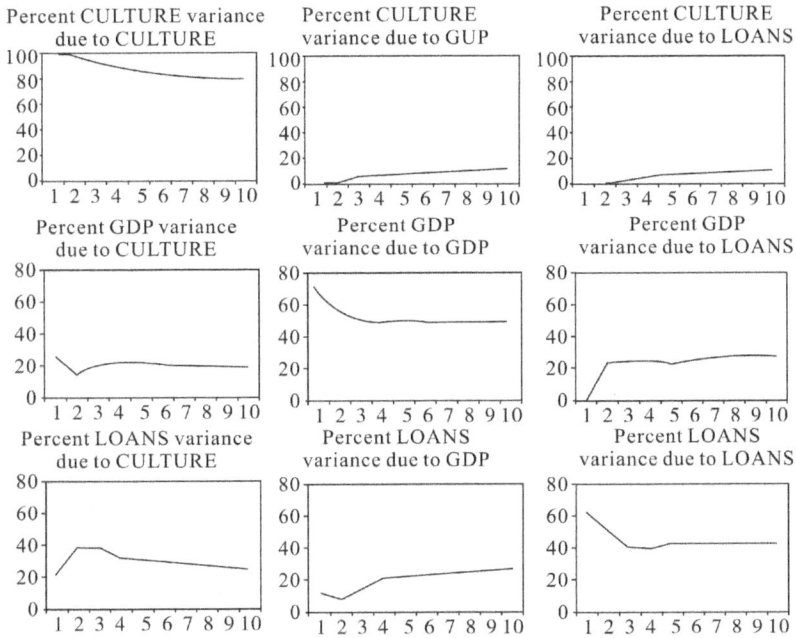

图 3-4 方差分解

资料来源：根据 EViews 输出结果自行整理。

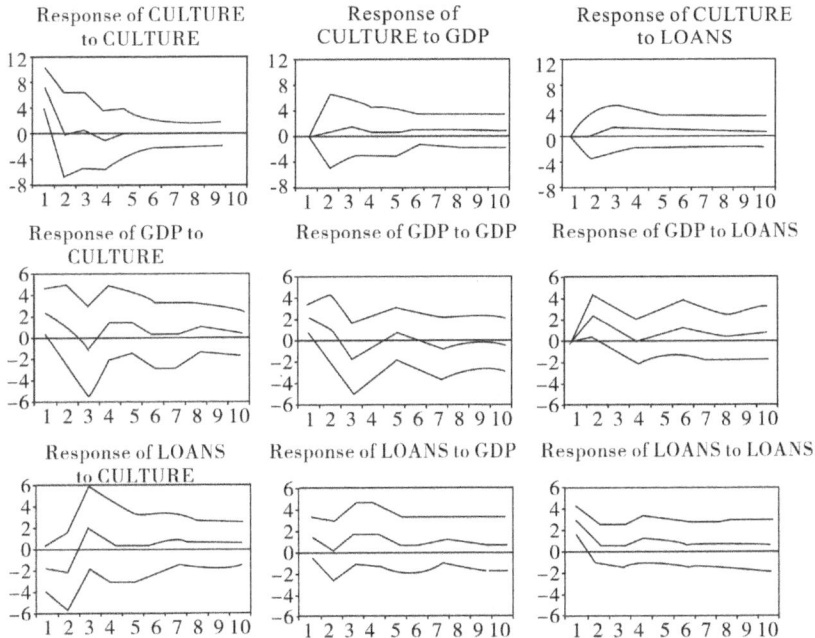

图 3-5 脉冲响应

资料来源：根据 EViews 输出结果自行整理。

3.2.4 格兰杰因果检验

为了进一步验证 VAR 结果,对上述三个变量进行格兰杰因果检验,结果如表 3-5 所示。显然,在三个变量的相互作用中具有因果统计显著性的只有"信贷增长对 GDP 增长的推动作用",这与 VAR 分析结果基本一致。

表 3-5　格兰杰因果检验结果

原假设	样本量/个	F 值	p 值
GDP 增长不是文化产业发展的格兰杰原因	13	0.78	0.49
文化产业发展不是 GDP 增长的格兰杰原因		0.13	0.88
信贷增长不是文化产业发展的格兰杰原因	13	0.80	0.48
文化产业发展不是信贷增长的格兰杰原因		1.92	0.21
信贷增长不是 GDP 增长的格兰杰原因	13	5.40	0.03
GDP 增长不是信贷增长的格兰杰原因		2.30	0.16

资料来源:根据 EViews 输出结果自行整理。

3.2.5 省际面板数据分析

为了进一步观察文化产业发展对区域生产总值的影响,保证分析的稳健性,本部分将我国 31 个省(自治区、直辖市)的文化指标与地区生产总值构建为面板数据,并全部取对数,进行固定效应和随机效应建模,分析代码参见附录 3,相关数据①均来自国家数据,结果如表 3-6 所示。

表 3-6　省际面板数据分析结果

自变量(对数)	因变量:地区生产总值(对数)	
	固定效应	随机效应
博物馆参观人数	0.247*** (0.033)	0.286*** (0.032)
国内演出场次	0.037 (0.029)	0.048 (0.030)
图书出版数量	0.078* (0.041)	0.153*** (0.038)

---

① 可向本书作者索取。

（续表）

自变量（对数）	因变量:地区生产总值（对数）	
	固定效应	随机效应
艺术场馆数量	0.082** (0.034)	0.101*** (0.034)
艺术演出观众人次	−0.019 (0.018)	−0.016 (0.019)
艺术团体数量	0.224*** (0.040)	0.193*** (0.040)
常数项		4.735*** (0.308)
样本量	278	278
R^2	0.647	0.695
调整后的 R^2	0.594	0.688
F 值	73.504*** ($df=6,241$)	618.871***

注:（　）内为标准误; * $p<0.1$, ** $p<0.05$, *** $p<0.01$。
数据来源:参考国家数据并自行整理。

3.2.6　主要结论

对照分析思路,通过较为谨慎的数据分析与实证检验,可以得到如下具备统计稳健性的结论。

第一,文化及相关产业已经成为我国国民经济中重要组成部分。主要表现在两个方面:作为重要的资源要素,文化显著地推动国民经济发展;文化产业初步具备了成为国民经济体系中支柱产业的条件。

第二,金融是推动我国国民经济发展的重要因素,但文化产业(不是文化资源)推动国民经济发展的效能还没有得到统计数据的支持,同时,金融对文化产业的推动作用也缺乏统计显著性。

第三,我国文化与金融合作发展还处于起步阶段,目前还没有显著地推动文化产业高质量发展,没有显著地赋能金融发展,也没有显著地推动社会经济发展。

3.3　文化与金融合作发展的投入产出分析

3.3.1　投入产出分析框架

投入产出表(input-output table)是一项重要的国民经济核算项目,是把由全社会各产业部门所组成的国民经济整体作为核算对象,统一了对产业部门的局部核算和对国民经济整体的总体核算。

投入产出表的基本核算框架如表 3-7 所示(详见下文)。任何一个产业(或者产品)的投入都可分为中间投入和增加值两部分,其中中间投入为产业自身和其他产业的投入,增加值则分为劳动者报酬、生产税净额、固定资产折旧和营业盈余四部分。同样地,任何一个产业(或者产品)的产出都可分为中间需求和最终需求两部分,其中中间需求为产业自身和其他产业的需求,最终需求则主要分为消费支出(居民和政府消费)、存货变动、出口、进口等部分。

观察图 3-6 可以发现,产业总投入与总产出存在如下核算关系:

一个产业的总产出价值＝产业总投入(中间投入＋增加值)价值,即 $x_j = \sum_i d_{ij} + v_j$。

一个产业的总产出价值＝产业总需求价值(中间需求＋最终需求),即 $x_i = \sum_j d_{ij} + f_i$。

将社会所有产业进行加总后,全社会总投入价值就等于全社会总产出价值。

项目	第一产业	第二产业	第三产业	最终需求	总需求
第一产业	d_{11}	d_{12}	d_{13}	f_1	x_1
第二产业	d_{21}	d_{22}	d_{23}	f_2	x_2
第三产业	d_{31}	d_{32}	d_{33}	f_3	x_3
增加值	v_1	v_2	v_3		
总投入	x_1	x_2	x_3		

图 3-6　投入产出表的基本核算框架

3.3.2　文化与金融的投入产出表

本部分数据来自《2017 年全国投入产出表》中的《149 产品部门×149 产品部门投入产出表》。为了更好地描述文旅产业,以《文化及相关产业分类(2018)》和《国家旅游及相关产业统计分类(2018)》作为分类依据,对投入产出中的 149 个产品部门进行了分类,同时进行了矩阵处理,得到表 3-7,具体步骤及其结果详见附录 4。

表 3-7　文化产业与相关产业投入产出

单位:万亿元

项目		中间需求			最终需求			总需求
		其他实体经济	文旅产业	金融业	消费支出	实物资本累积	进出口差额	
中间投入	其他实体经济	124.74	3.51	2.85	40.89	36.21	1.26	209.47
	文旅产业	3.27	1.32	0.39	1.38	0.23	0.28	6.86
	金融业	6.46	0.12	0.79	2.15	0.00	−0.08	9.44
增加值	劳动者报酬	38.93	0.97	2.43				
	生产税净额	8.84	0.12	0.54				
	固定资产折旧	10.45	0.36	0.22				
	营业盈余	16.78	0.46	2.22				
总投入		209.47	6.86	9.44				

有两点需要特别说明,一是由于旅游及相关产业与相应的产品部门并非完全对应,因此分析中只选择了典型的文旅产品部门进行归类和合并,如在旅游产业中只选取了"水上旅客运输"和"航空旅客运输"两类产品,文化及相关产业的选择与此类似,故分析中很可能会出现低估文旅产业的情况。二是为了简便起见,将农村居民消费支出、城镇居民消费支出和政府消费支出合并为"消费支出",固定资本形成总额和存货变动合并为"实物资本累积",出口和进口合并为"进出口差额"。

3.3.3 文化与金融合作的投入分析

对表 3-7 的各产业中间投入和增加值的绝对规模进行分解,具体结果如图 3-7 所示。结果表明:文旅产业总投入规模略小于金融业投入规模;文旅产业和金融业的中间投入以来自实体经济的投入为主体,同时文旅产业的中间投入中自身占的比重相对较大,金融业基本类似,但是文旅产业与金融业之间的中间投入相对较少;在增加值中,文旅产业更多体现在劳动者报酬上,金融业则表现在劳动者报酬和营业盈余上。

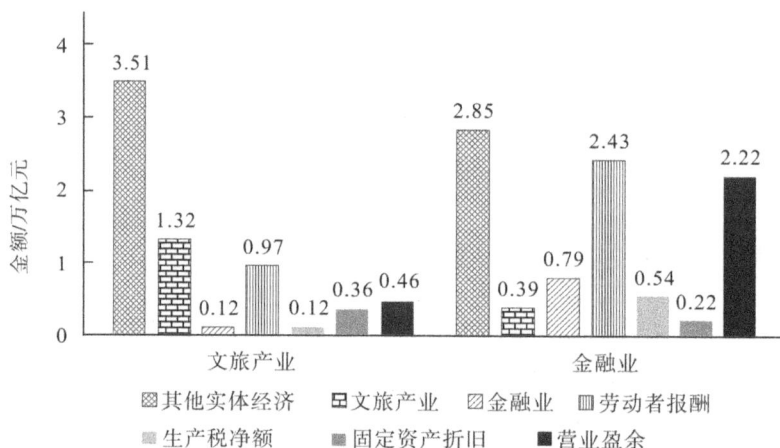

图 3-7 文旅产业与金融业投入绝对规模分析

对各产业中间投入和增加值的相对规模(各项投入占行业总投入的比重)进行分解。结果表明:文旅产业与其他实体经济类似,来自实体经济的中间投入比重较大;文旅产业与其他实体经济相比,金融投入程度较低,文旅产业的金融投入占总投入的比重为 1.75%,其他实体经济比重为 3.08%;文旅产业与金融业的相互投入占比较小,文旅产业获得的金融投入为 1.75%,金融业获得的文旅产业投入也仅为 4.13%,这说明两个产业之间的合作发展仍然处于起步阶段。

3.3.4 文化与金融合作的产出分析

对表 3-7 的各产业中间需求与最终需求的绝对规模进行分解,具体结果如图 3-8 所示。结果表明:金融推动文旅产业的中间需求相对较弱,金融业产出中只有 0.12 万亿元的文旅需求,相应地,文旅产业产生的金融需求接近

0.39万亿元;文旅产业和金融业的消费属性都比较高;与其他实体经济相比,文旅产业的实物资本积累相对较少,这也符合文旅产业(特别是文化产业)"轻资产"特征。

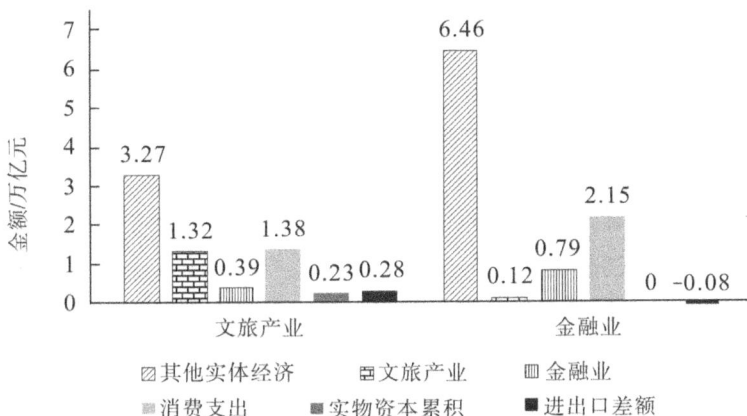

图 3-8　文旅产业与金融业产出绝对规模分析

对各产业中间需求和最终需求的相对规模(各项需求占行业总产出的比重)进行分解。结果表明:文旅产业与其他实体经济类似,消费支出占总产出的比重保持在20%左右,文旅产业是实体经济中能够有效推动内需的重要产业之一;文旅产业推动了金融业发展,文旅产业中金融中间需求占总产出的比重超过5%,大大高于其他实体经济的1.36%;金融业总产出中文旅产业需求维持在较低水平,仅为1.27%。

3.3.5　主要结论

第一,从产业投入来看,文旅产业无论是绝对规模还是相对比重仍然较小,其增加值仍然以劳动者报酬为主,盈利水平与其他实体经济相比并无太大差异。相应地,金融业增加值则表现为以劳动者报酬和营业盈余为主,体现了金融业高人力资本、高回报的行业特点。

第二,从产业产出来看,文旅产业实物资本积累相对较少,因此文旅产业(特别是文化产业)"轻资产"特征非常明显。

第三,综合投入产出分析来看,文旅产业与金融业在产业发展态势上呈现出显著的不均衡性,即在投入层面文旅产业获得了较低的金融中间投入,但在产出层面文旅产业为金融创造出更大的需求。

3.4 文化与金融合作的区域发展组态分析

3.4.1 定性比较分析方法简介

为了更好地对文化与金融合作的区域发展特征进行比较分析,本章使用定性比较分析方法(qualitative comparative analysis,QCA)对文化与金融合作发展较好的北京、深圳、南京、宁波等地区案例进行组态分析。

QCA 方法是由查尔斯·拉金(Charles C. Ragin)率先提出并发展起来的,基于整体论强调解决研究案例的因果复杂性问题,即认为相关案例是由原因条件组成的整体,进而识别条件组态(configurations)与结果间复杂的因果关系。杜运周、贾良定认为,QCA 分析旨在通过案例间的比较,找出条件组态与结果间的因果关系,回答"条件的哪些组态可以导致期望的结果出现?""条件的哪些组态导致结果的不出现?"这类问题。[①] 在对条件组态进行整体分析时,已经采取了条件间是相互依赖的(inter-dependence)这一更符合社会现象的假定。

拉金认为,QCA 方法虽然还是主要聚焦于社会学、政治学、教育学、管理学等社会学科开展中小型样本的跨案例定性比较分析,但未来有向大数据发展的趋势。简言之,与传统的计量经济学方法相比,QCA 不太关心在其他条件不变时特定自变量对因变量的影响,而是关注哪些原因的共同变化会导致相关案例结果的出现。

3.4.2 数据来源与校准

本部分所有数据均来自《中国文化金融发展报告(2020)》[②],主要研究的4 个区域为北京、深圳、南京、宁波。对相关城市进行数据处理和典型事实梳理,结果如表 3-8 所示。

---

① 杜运周,贾良定.组态视角与定性比较分析(QCA):管理学研究的一条新道路[J].管理世界,2017(6):155-167.

② 杨涛,金巍.中国文化金融发展报告(2020)[M].北京:社会科学文献出版社,2020.

表 3-8 典型城市的文化与金融合作发展情况

指标	北京	深圳	南京	宁波
是否承担国家文化与金融合作示范区创建工作	2019 年东城区获批创建国家文化与金融合作示范区	否	否	2019 年宁波市获批创建国家文化与金融合作示范区
银行贷款	2019 年"投贷奖"平台汇集融资产品 346 种,对接资金 344 亿元	杭州银行开发"影视项目融资",累计融资超过 30 亿元	创建 10 家南京文化银行,文化小贷深耕文化产业融资	2019 年文化产业贷款余额 24 亿元
直接融资	2019 年直接融资规模超过 725 亿元	2019 年直接融资规模超过 142.65 亿元	设立大运河文旅发展基金	近年来累计募资超过 100 亿元
保险保障	暂无典型案例	开发文化保险 11 项	建立多层次风险担保措施,研发信用保证保险	首创"全域旅游综合保险"
政策支持力度	2019 年出台支持文化与金融合作的政策文件超过 6 项	近年来出台政策 10 余项,其中 2019 年出台支持政策 2 项	近年来出台政策超过 20 项	近年来出台政策超过 15 项,其中 2019 年出台 2 项
文化产业发展势头	2019 年全市规上文化产业法人单位收入 12 849.7 亿元,同比增长 8.2%	2018 年全市文化产业增加值 2 621.77 亿元,占当地 GDP 比重超过 10%,文化企业总营收超过 1 500 亿元	2019 年全市文化产业增加值超过 900 亿元,占全市生产总值的比重为 6.5%	2019 年全市文化产业增加值达到 916 亿元,占全市生产总值的比重为 7.64%

（续表）

指标	北京	深圳	南京	宁波
金融业发展势头	2019 年全市金融业增加值 6 544.8 亿元,同比增长 9.5%	2020 年全市金融业实现增加值 4 189.6 亿元,同比增长 9.1%,占同期全市生产总值的比重为 15.1%	2019 年金融总资产近 8 万亿元,金融市场规模约占全省的 20%	2019 年金融业增加值增长 7.6%,年末全市金融机构本外币存款余额 2.09 万亿元,贷款余额 2.22 万亿元,分别增长 8.9% 和 11.3%
城市行政特征	直辖市、首都	计划单列市、经济特区	副省级城市、省会	计划单列市

对表 3-8 进行校准,结果如表 3-9 所示。

表 3-9　指标与校准值

指标	校准值				校准规则
	北京	深圳	南京	宁波	
是否承担国家文化与金融合作示范区创建工作	1.00	0	0	1.00	2019 年 12 月,文旅部等三部委正式批复,同意北京市东城区与浙江省宁波市创建国家文化与金融合作示范区,创建时间从 2020 年 1 月至 2021 年 12 月
银行贷款	0.80	0.80	0.70	0.60	从贷款规模和典型案例的可复制、可推广角度进行评价: 0.80 为贷款规模大且复制推广价值高 0.70 为贷款规模较大且复制推广价值高 0.60 为贷款规模一般但复制推广价值高 0.40 为贷款规模较小且复制推广价值一般
直接融资	0.80	0.60	0.40	0.40	从直接融资规模进行评价: 0.80 为直接融资规模大 0.60 为直接融资规模较大 0.40 为直接融资规模较小
保险保障	0.20	0.60	0.60	0.60	从保险项目的创新程度及其可复制、可推广角度进行评价: 0.80 为创新程度高且复制推广价值高 0.70 为创新程度较高且复制推广价值高 0.60 为创新程度一般但复制推广价值高 0.40 为创新程度较小且复制推广价值一般

（续表）

指标	校准值				校准规则
	北京	深圳	南京	宁波	
政策支持力度	1.00	0.40	0.70	0.40	从出台政策数量进行评价： 1.00 为持续出台政策超过 50 项 0.80 为政策数量超过 30 项 0.70 为政策数量超过 20 项 0.40 为政策数量较少
文化产业发展势头	0.70	0.80	0.60	0.60	从文化产业绝对规模和占 GDP 的相对规模进行评价： 0.80 为绝对规模和相对规模最高 0.70 为绝对规模和相对规模较高 0.60 绝对规模和相对规模一般
金融业发展势头	0.80	1.00	0.60	0.45	从金融业增加值绝对规模和占 GDP 的相对规模进行评价： 1.00 为绝对规模和相对规模最高 0.80 为绝对规模和相对规模较高 0.60 为绝对规模和相对规模一般 0.45 为绝对规模和相对规模较小
城市行政特征	1.00	0.80	0.70	0.60	北京为直辖市，其他城市为计划单列市或副省级城市，但深圳为特区，南京为省会城市

3.4.3 组态分析结果

利用 fsQCA 软件，将校准数据进行 QCA 分析，结果如表 3-10 所示。我国文化与金融合作发展主要有两大路径。

第一，基于间接融资创新的文化与金融合作，即组态 1"银行贷款＋保险保障＋文化产业发展"。以宁波为代表的区域中心城市，由于没有过多的直接融资资源和政策支持，只能借助自身的文化产业发展，加上已有的银行、保险等间接融资创新，实现文化与金融合作发展。

第二，基于直接融资创新的文化与金融合作，即组态 2"直接融资＋政策支持＋金融发展＋文化产业发展"。以北京为代表的国家中心城市，可以利用已有的丰富的直接融资资源满足文化产业"轻资产、少抵押、增长快"的产业特征，借助国家有力的政策保障，从而获得推动文化与金融合作发展的另一条路径。

表 3-10 组态分析结果

条件	组态 1	组态 2
银行贷款	PC	PC
直接融资	nCC	CC
保险保障	PC	nPC
政策支持	nCC	CC
文化产业发展水平	PC	PC
金融业发展水平	nCC	PC
城市行政特征	PC	PC
一致性	0.65	0.58
原始覆盖率/%	0.28	0.55
唯一覆盖率/%	0.08	0.35
总一致性	0.61	
总覆盖率/%	0.65	

注:CC 表示核心条件变量出现,nCC 表示核心条件变量不出现,PC 表示边缘条件变量出现,nPC 表示边缘条件变量不出现。

3.5 基本结论与政策含义

第一,基于计量分析,我国文化与金融合作发展还处于起步阶段,金融对文化产业的推动作用缺乏统计显著性,同时,文化产业也没有显著地赋能金融发展。不过,有充分的证据表明文化产业可以显著地推动国民经济发展,也具备了成为国民经济体系中支柱产业的条件,因此推动文化与金融合作发展是完全必要的,就是要通过金融支持文化产业发展,进而推动宏观经济发展。

第二,基于投入产出分析,从产业关联性层面发现文旅产业与金融业呈现出显著的不均衡性,即在投入层面文旅产业获得了较低的金融中间投入,但在产出层面文旅产业为金融创造出更大的需求。因此,推动文旅产业发展的当务之急就是推动文化金融创新,确保金融支持文旅产业的覆盖面和精准度。

　　第三,基于组态分析,从文化与金融合作发展的案例分析入手,总结了各地区发展文化与金融合作的两个基本路径:以宁波为代表的中小城市,应主要考虑借助银行、保险等金融创新,推动文旅产业平稳快速发展;以北京为代表的国家中心城市,则应把精力集中于直接融资,满足影视、动漫等文旅产业的巨大资金需求,实现相关文旅产业的爆发式增长。

4 国家文化与金融合作示范区创建成效分析：以宁波为例

本章以宁波作为典型案例，围绕宁波文化产业和金融业的发展现状，对宁波创建国家文化与金融合作示范区的工作经验进行必要的梳理和总结，为后续文化金融创新和文化保险创新提供研究基础。

4.1 宁波文化产业发展基本特征

4.1.1 宁波文化产业整体呈指数级增长

宁波文化产业规模，无论是绝对规模（文化产业增加值）、相对规模（文化产业增加值占宁波 GDP 的比重）还是产业增速（文化产业增加值年增长率），都保持较高水平的增长，呈指数级增长态势，主要有三个基本特点。

第一，文化产业规模持续提升。2016—2020 年，宁波文化产业始终保持正增长，文化产业增加值从 2016 年的 586 亿元提高到 2020 年的 988 亿元，文化产业增加值占当年 GDP 的比重持续提升，从 2016 年的 6.5% 提高到 2020 年的接近 8.0%，上升了近 1.5 百分点，文化产业已经成为宁波地方经济的支柱型产业（见图 4-1）。

第二，文化产业增速显著高于整体经济。2016—2020 年，文化产业成为宁波社会经济中增长速度最快的产业之一，年均增速超过 12.6%，高出宁波 GDP 年均增速 4.18 百分点（见图 4-2）。值得强调的是，新冠肺炎疫情对文化产业的冲击已经得到了初步缓解，2020 年宁波文旅产业增幅 7.8%，维持了中高速增长态势，同时实现旅游总收入 1 999.5 亿元，接待国内游客 1.95 亿人次，恢复到 2019 年水平的八成以上。

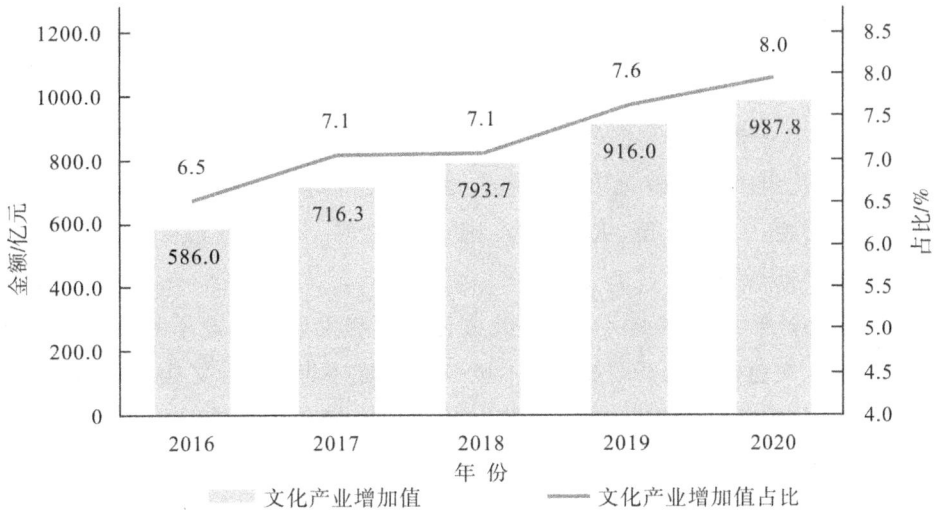

图 4-1 宁波文化产业增加值

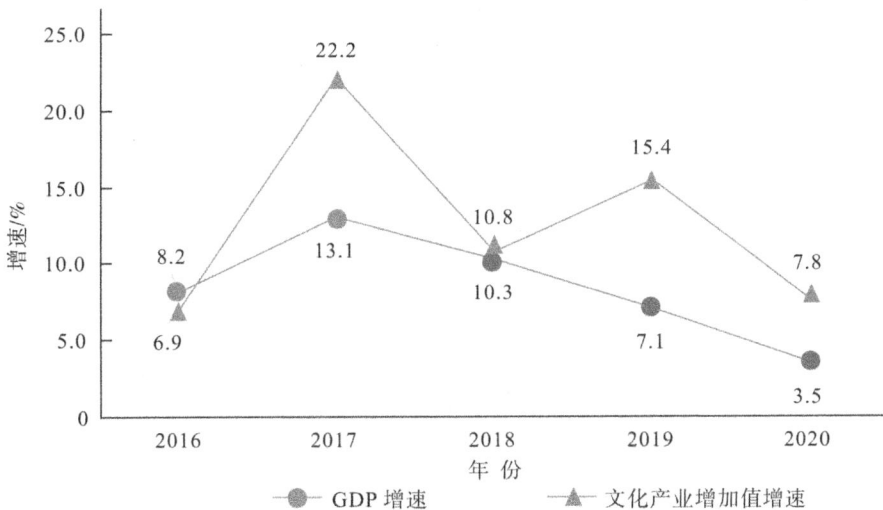

图 4-2 宁波文化产业增加值增速

4.1.2 宁波文化产业发展质量日益向好

从产业主体、产业结构等层面分析，宁波文化产业发展质量明显向好，主要表现在以下五个方面。

第一,产业主体不断壮大。根据第四次全国经济普查结果,2018年底宁波文化产业共有法人单位25 106家,其中经营性文化产业单位24 070家,占总数的95.9%。规上文化产业法人单位915家,规下文化产业法人单位24 191家,其中规下企业占总数的96%。宁波日报报业集团、宁波广电集团等国有文化集团通过深化改革和融合发展,加速向综合性新型文化传媒集团转变;得力、音王、广博、大丰、海伦钢琴、贝发等一批重点民营文化企业的实力和影响力不断提升。

第二,产业结构逐步优化。宁波文化创意和设计服务业不断壮大,广电影视服务、文化休闲娱乐、文化艺术服务等发展不断提速,文化内容产业占文化产业比重不断提升。文化用品中的文化内涵不断丰富,产品附加值不断提高,文化与金融、科技、旅游等产业的融合进一步深入,"文化+"战略实施初具成效。

第三,产业集聚初步形成。"十三五"期间,宁波以"1235"工程为抓手,重点打造十大文化产业集聚区,区域性特色文化产业集群初步形成。全市有市级以上文化产业园区31个,其中国家级文化产业园区5个,和丰创意广场、宁波国家广告产业园、宁波国家大学科技园等一批产业园区集聚效益明显,成为拉动区域产业发展的重要载体和支撑平台。

第四,支撑体系不断完善。为推进文化产业发展,宁波积极推进文化交流、金融、人才、项目推介等服务平台建设,市文化行政部门与中国银行宁波分行等8家银行建立了战略合作关系,文化产业发展的支撑体系不断完善。

第五,发展环境不断优化。宁波市先后出台了《关于推动文化产业大发展大繁荣的若干意见》《关于金融支持文化产业发展繁荣的实施意见》《关于贯彻党的十七届六中全会精神 加快文化强市建设的决定》《关于进一步加快文化产业发展的若干意见》等一系列文件,针对宁波文旅产业发展实际,制定了《宁波市文化创意产业分类(2018)》(见附录5)。同时设立了市文化产业发展专项资金和动漫游戏产业专项资金,把文化产业发展目标列入市级行业主管部门和各级县(市、区)党委、政府科学发展目标考核体系,文化产业发展的政策环境不断优化。

4.1.3　宁波文化产业发展趋势与发展短板

随着宁波文化产业的快速发展,产业转型升级成为宁波文化产业未来发展的主要目标和方向，其趋势表现在以下两个层面。

第一，由低端化向高端化升级。宁波的文化产业主体不断壮大，产业能级不断提升。目前，宁波共有国家级文化产业园区4个、国家文化产业示范基地3个、国家文化出口重点企业9个、文化上市企业8个，共有122家重点文化企业，涉及高端文化用品、创意设计、工艺美术、现代传媒、信息传输服务、影视制作、文化休闲旅游以及会展八大行业。宁波文化产业的文化传播能力不断提升，2015—2018年，宁波艺术表演团体数增长了70倍，达到了283家，国内表演场次4年间增长了约20倍，国内观众人数超过了1600万。依托宁波文化精品工程推出了电视剧《向东是大海》《七月与安生》、纪录片《王阳明》等众多文化精品，地域文化影响力明显提升。

第二，由内容购买商向内容提供商转变。过去，宁波缺乏文化精品，文化企业主要依赖于从外部购买内容开展业务，比如文艺演出、会议展览等主要依托外部内容资源，本地企业仅承担平台提供商的角色。另外，宁波企业在信息服务领域仍比较依赖区外服务提供商，本地服务提供能力不足。随着宁波文化精品工程建设的深入推进和影视、会展等产业的协同发展，宁波出现了越来越多的内容提供企业，提供的内容档次不断提升。如今，宁波的影视剧产量和质量逐年提升，特色旅游内容和形式日益丰富，特色主题展览不断涌现。依托宁波强大的制造业和服务贸易产业，加之宁波软件产业日益发达，宁波信息服务产业的供给能力不断提升，电商平台、大数据平台、新媒体平台已成为宁波经济的新亮点。

尽管宁波文化产业具备了良好的基础，但也应清醒认识到文化产业发展仍存在一些亟待解决的问题：一是与文化产业发展较成熟的地区相比，产业发展水平不高。宁波市文化产业规模较小，文化产业增加值占GDP的比重相对较低，对整体社会经济发展的支撑作用不明显。二是内容产业不够发达，产业结构中中低端文化用品制造业所占比重过大，产品附加值低，文化产品创意性不足，文化精品、特色产品欠缺，新媒体、信息传输服务等新兴产业发展较慢，对经济社会发展的引领性不足。三是高能级产业发展平台建设滞后，文化产业园区建设不足，特别是能级大、能带动产业集聚发展的大产业发展平台较少，现有园区产业发展同质化严重，错位、协同发展格局尚未建立。

4.2 宁波金融服务实体经济的基本特征

4.2.1 宁波金融发展基础扎实

"十四五"期间，宁波金融业发展迅猛，为服务实体经济打下了良好的基础，主要表现在以下三个方面。

第一，宁波银行业发展态势良好。2020 年末，宁波共有银行业金融机构 65 家，其中政策性银行 3 家，大型银行 6 家，股份制商业银行 12 家，城市商业银行 13 家，外资银行 6 家，农村合作金融机构 9 家，新型农村金融机构 12 家，非银行金融机构 4 家。全市存款余额从 2016 年的 16 196.01 亿元提升至 2020 年的 23 988.20 亿元，年均增长率超过 9%；全市贷款余额从 2016 年的 15 806.76 亿元提升至 2020 年的 25 451.60 亿元，年均增长率超过 11%；2016—2020 年贷存比（即贷款余额与存款余额的比值）平均为 102.77%，其中 2018—2020 年的贷存比均超过 100%，具体数据参见图 4-3。这表明银行业作为宁波金融业的主体，承担着最为核心的社会资金融通职能，而且社会对银行贷款的需求极为迫切。

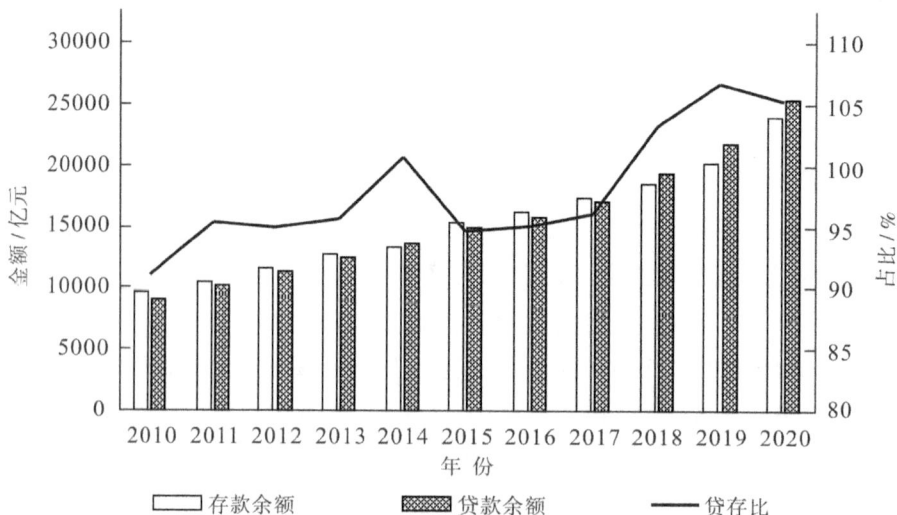

图 4-3　宁波存贷款余额

第二，保险行业的保障职能得到了有效释放。2020 年末，宁波共有市级及以上产险机构 32 家、寿险机构 25 家、专业中介机构 99 家。全市保费收入从 2016 年的 257 亿元提升至 2020 年的 390 亿元,年均增长率超过 11%;全市赔付支出从 2016 年的 115 亿元提升至 2020 年的 149 亿元,年均增长率超过 7%(见图 4-4)。同时,保险深度(保费收入占 GDP 的比重)持续提升,2020 年保险深度超过 3.15%,较 2016 年提高了 0.28 百分点;保险密度(人均保费收入,即保费收入与人口的比值)从 2016 年的 4 358 元提升至 2020 年的 6 366 元,提高了 2 000 多元(见图 4-5)。2020 年,保险机构累计为宁波宏观经济提供的风险保障超过 29.1 万亿元。这表明保险业作为社会风险管理的主要载体,其保障职能日益显著。

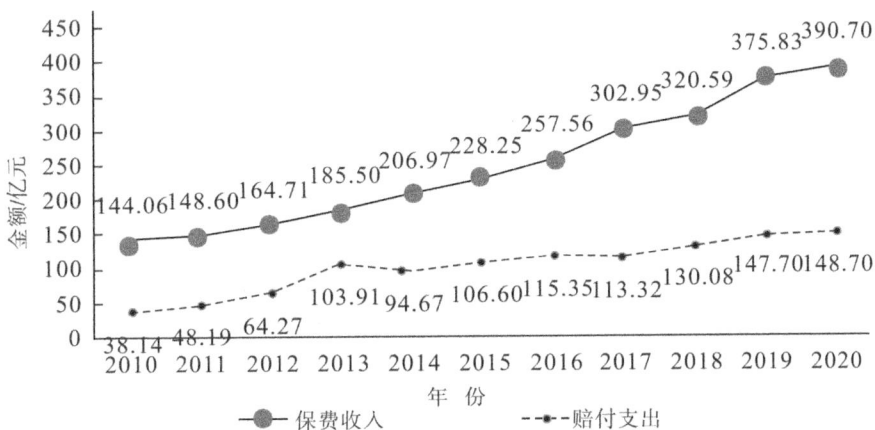

图 4-4　宁波保险发展情况

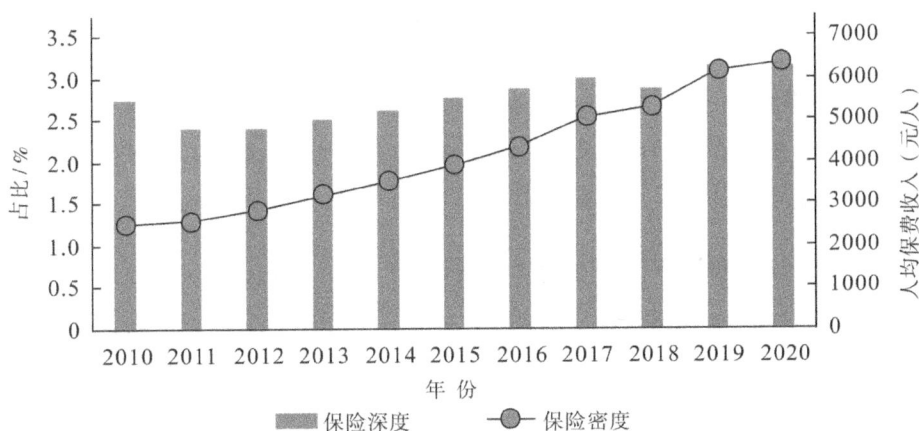

图 4-5　宁波保险深度与保险密度

第三,宁波支持企业上市工作稳步推进。2020 年,宁波完成证券成交总额 9.5 万亿元,其中股票和基金成交额 6.2 万亿元。截至 2020 年末,全市共有 1 家证券公司、28 家证券分公司、165 家证券营业部、1 家证券投资咨询公司、1 家基金管理公司、1 家期货公司、11 家期货分公司和 41 家期货营业部。

4.2.2　宁波金融服务实体经济的功能不断强化

第一,强化重点项目保障功能。围绕宁波市委、市政府重大战略部署,加大对棚户区改造、轨道交通、"中国制造 2025"的支持力度。"十三五"以来,开展金融服务实体、稳增长、拓市场等多场融资对接会,累计达成合作融资规模近 2 万亿元。积极发挥宁波国家保险综试区的优势,通过加大对"首台套""新材料"应用等保险补贴力度,助力"中国制造 2025";通过完善对外投资和贸易的风险保障,助力企业参与"一带一路"建设。

第二,强化民营小微扶持功能。"十三五"以来,全市金融机构创新推出知识产权质押融资等 6 大类 158 个小微金融产品,"多权一房""农村集团授信"等农村金融创新产品惠及小微企业和农户 10 余万家(个),累计办理再贴现业务近万笔,总金额 60 亿元,累计发放支农、支小再贷款 15 亿元。通过扩大"金贝壳"等小额贷款保证保险受惠群体,助力小微、"三农"和城乡创业者成长。

第三,强化金融生态治理功能。健全金融风险防控平台,与国家互联网应急中心开展战略合作,在全国首创"互联网大数据＋网格化系统数据"模式,率先打造全市金融风险"天罗地网"监测防控系统并正式上线。健全地方金融监管体系,坚持审慎发展、规范发展的原则,持续完善小贷公司监管系统,持续推进互联网金融风险专项整治,持续开展交易场所分类处置和处理信访维稳等工作。

4.2.3　宁波金融服务实体经济的能级不断提升

第一,保险创新综试区提供宁波样板。2016 年,宁波获批国家保险创新综合试验区。设立至今,综试区充分发挥保险在服务民生、社会治理、经济发展等方面的积极作用,涌现出百余个国内首创或领先项目,为推进供给侧结构性改革、促进经济社会发展和推动全国保险业改革创新贡献了实践经验与示范样板,各项保险创新工作获得国家及省市领导多次批示肯定。

第二，普惠金融示范区贡献宁波经验。2015年，中国人民银行决定在宁波率先试点建设普惠金融综合示范区。设立至今，示范区以支持创新、促进协调、推进共享为指引，强化移动金融、小微企业和"三农"金融服务，充分发挥定向降准、再贴现、支农支小再贷款等货币政策工具作用，不断强化普惠金融基础设施建设，基本完成普惠金融信用信息服务平台的升级改造。

第三，"凤凰行动"计划助推甬企上市。2017年，"凤凰行动"宁波计划正式启动，宁波市加大政策扶持和服务力度，营造更加有利于企业上市和并购重组的环境。"十四五"期间，"凤凰行动"深入推进，激发了企业利用资本市场实现规范治理、创新转型、发展壮大的动力，推动优质企业加快股改，支持符合条件的企业在境内外上市和在新三板、宁波股交中心挂牌，目前，宁波国内主板上市企业超过100家。

4.2.4　宁波金融业发展短板

宁波金融业发展势头良好，服务实体经济也取得了较大的成绩，但也存在一些问题和短板。

第一，资金集聚能力有所弱化。地方法人、区域性和功能性总部数量相对较少，结构不平衡，整体规模不够大，导致资金集聚能力相对较弱，与标杆城市差距拉大，削弱金融服务实体经济潜力。

第二，金融产品服务供求不匹配矛盾凸显。金融体系提供的金融产品和服务还存在同质化严重、结构不合理、质量不够高的问题，尚不能完全满足多元化、高质量金融产品和服务的需求。

第三，地方金融监管和风险防控压力加大。新兴金融业态及互联网金融的蓬勃发展，大量业务与机构游离于金融监管之外，地方政府金融管理职责加大，但缺乏行政执法的依据和手段，且面临地方金融专业监管队伍力量不足的矛盾。

4.3　宁波创建国家文化与金融合作示范区的经验与成效

宁波获批创建国家文化与金融合作示范区伊始就遭遇了新冠肺炎疫情的强烈冲击，宁波市抓住创建国家文化与金融合作示范区的历史机遇，在政策引导、产品创新、机构集聚和平台建设等层面打造"硬核"力量，在不到两年的时间里,紧密围绕文旅企业在应急融资、风险保障等方面的迫切需求,持续强化政策引导力度,依托各类文化金融专营机构和服务平台,基于已有文化金融工具,不断叠加新产品和新服务,呈现出银行、保险、政策性担保、地方股权交易中心等多金融业态协力服务文旅实体经济的基本态势,初步形成了文化与金融合作发展的"宁波路径"。

4.3.1 及时推出"硬核"政策,文旅企业复产复工得到精准支持

疫情面前,宁波市文旅部门坚决贯彻党中央、国务院精神,在浙江省委、省政府和宁波市委、市政府的正确领导下,针对抗击疫情和防疫常态化的阶段任务,分别于 2020 年 2 月 20 日和 4 月 13 日接连出台了支持文旅企业抗疫与复产复工的 10 条实施细则和 14 条实施细则。

在疫情最严重的时期,细则要求发挥国家文化金融合作示范区创建优势,做好以下 3 项工作:一是建立重点文旅企业名单(即"白名单")和优选文旅项目库,并在有关银行的大力支持下,积极配置专项信贷额度,开通专属绿色审批通道,同时要求贷款利率保持在合理适度的优惠水平。二是对疫情导致暂时受困的文旅企业强化信贷支持,执行短期贴息政策,即最高贴息金额为企业实际贷款利息的一半,期限不超过 3 个月,贴息总金额不超过 10万元。三是充分发挥全域旅游综合保险等保险创新的风险管理职能,对出险的旅游企业予以及时、快速、充分的赔付处理,实现应赔尽赔。

政策合力下,宁波文旅产业自2020年第二季度开始逐步恢复,整体发展态势良好。据统计,2020 年,宁波文化产业增加值(市口径)987.75 亿元,同比增长 7.8%;宁波市全年完成旅游总收入 1 999.5 亿元,已恢复至上年同期的 85%以上。

4.3.2 坚持推动"硬核"创新,文旅金融供应链正逐步成形

宁波文旅企业数量众多,绝大多数为中小企业,金融需求主要表现在融资、风险防控等方面。示范区创建以来,十分重视文旅金融产品创新,目前已初步形成了融银行信贷、直接融资、保险保障等创新产品为一体的文旅金融供应链。

第一,强化政银企合作,"白名单"制度帮助优势企业渡过难关。在疫情最严重的时期,宁波市文化广电旅游局依据实施细则迅速公布了涵盖192家

企业的宁波市重点文旅企业名单,在最短时间内落实 50 亿元疫情专项信贷额度(其中专项信用贷款 10 亿元),开通授信绿色通道,同时与金融监管部门密切合作,重点监控信贷流向,防止资金"脱实向虚"。截至 2020 年 6 月底,银行共为受疫情影响的 35 家文旅企业授信 22.8 亿元,实际投放金额 16.5 亿元。

第二,加大组合创新,"风险池"叠加"微担通"推动文旅金融协同发展。2020 年,宁波市为支持文旅企业复工复产,将已有成熟的文化产业信贷风险补偿资金(即"风险池"贷款)与应对疫情开展的"微担通"业务进行功能叠加,初步形成了政府、银行、政策性担保、保险、地方股权交易中心等多部门协同的组合型文化金融创新。

第三,防控文旅行业风险,提升保险创新能级。疫情防控期间,宁波专门出台文件支持保险机构发挥社会治理功能促进企业复工复产。宁波保险机构在政府指导下迅速开展行动,为小微企业提供应急风险保障,各项保险已全面覆盖文旅企业。以 2020 年 2 月中旬发布的宁波市政策性复工防疫保险方案为例,该方案规定已投保企业财产保险并通过政府复工审核或备案的宁波小微企业(含文旅企业)均可投保,保费为每家企业 2 000 元,其中政府补贴一半。保险责任为法定传染病导致的企业停工停产。赔付标准为每家企业按照 3 500 元/天累计赔付,但最高赔偿限额不超过 10 万元。

随着宁波文旅金融供应链建设的不断深入,金融服务文旅产业的成效日益明显。截至 2020 年末,宁波市文旅产业贷款余额 1 037.4 亿元,同比新增 104 亿元,增幅超过 11.2%;文旅企业贷款加权平均利率 4.33%,低于全部企业贷款利率 0.33 百分点。

4.3.3 持续设立"硬核"机构,文旅金融专业化载体已实现良性集聚发展

经过多年努力,宁波文旅金融专业化载体的数量和质量都有了较大的提高,载体之间具有较强的协同合作属性,并呈现出集聚发展的良好态势。截至 2020 年末,文化金融专业机构 7 家,其中银行支行和小额贷款公司 2 家,产业基金 1 家,地方股权交易的文创板 1 个,专营保险机构 1 家,文化金融服务中心 2 家。此外,还设立了研究基地 1 家。

第一,文旅金融专营机构营运状况良好。以中国农业银行宁波文化创意支行(以下简称农行文创支行)为例,该支行成立于 2014 年,是农业银行系

统内首家金融支持文化产业的专营机构。自成立以来,农行文创支行始终以服务文化实体经济为目标,相继研发了文创快捷贷、艺术品质押贷、线上文旅贷等特色文化金融产品。截至 2020 年 5 月末,农行文创支行已为文化企业提供授信额度近 7.8 亿元,涉及行业有文化旅游、新闻媒体、影视动漫、婚庆、非遗传承、文化专业市场、舞台舞美等。

第二,文旅企业创投机构实力逐步增强。2020 年,宁波市设立了文化产业投资基金,总募集规模为 20 亿元,第一期募集规模超过 10 亿元。目前,基金已经对贝发集团股份有限公司等多家宁波优势文旅企业进行了战略投资,今后将继续支持有关文旅企业通过 IPO、并购等方式实现协同发展。

第三,文旅服务中心建设驶入快车道。2019 年底,在宁波市文化广电旅游主管部门的指导下,"宁波文旅金融服务中心"正式成立。2020 年,宁波市文旅集团下属的全资子公司宁波市文化金融服务中心有限公司注册成立。宁波文旅、文化金融服务中心建设初步具备了多元化、协同化、专业化等特点,为宁波文化金融发展提供了坚实的平台基础。

第四,政策研究机构建设成果逐步显现。2020 年初,宁波市文化广电旅游主管部门与浙大宁波理工学院共建协同创新研究基地。疫情防控期间,基地进行了 20 余次深度实地调研,形成了一系列政策建议稿,完成了 5 篇研究报告,其中 1 篇获得浙江省文旅厅调研成果优秀奖。

4.3.4 高规格打造"硬核"平台,文旅金融数字化建设取得长足进步

为了充分总结疫情防控期间金融支持文旅产业的基本经验和先进做法,宁波市文化广电旅游局在积极推动数字经济"一号工程"重点工作的过程中,着力建设文旅金融数字化平台。

第一,文旅企业"我要贷"专窗已经上线。2020 年,宁波市普惠金融信用信息服务平台的文旅企业"我要贷"线上融资专窗正式上线,该平台通过线上专区形式为文旅企业提供政策解读、在线融资等服务。目前,专窗上线文旅贷产品 19 个,不仅包括成熟的"风险池""微担通"等贷款产品,还包括"民宿贷"等特色产品,所有产品均为信用贷款和担保贷款,大部分产品利率控制在 6% 以内,较好地满足了文旅企业融资需求。

第二,"宁波文旅金融驾驶舱"智能分析系统已初步成形。在文旅主管

部门的指导下，宁波市文化金融合作服务中心已着手归集与分析文旅行业数据，初步实现行业数据的动态化集成。同时，依托风险池业务，银行信贷在线审批数据更新将逐步完成。上述信息将有步骤地集成到"宁波文旅金融驾驶舱"，建立行业发展、金融发展、匹配效能等三大基础性可视化模块，为今后的政府决策提供更为精准的数据和模型支撑。

第三，全国首家"文旅金融大讲堂"上线，教育平台建设取得了较好的社会效益。2020年的"宁波文旅企业金融研修班"采用线上线下相结合的形式，来自全大市文旅主管部门、优势企业、专业金融机构等的近百名学员参加了实地培训，课堂教学部分全程通过"宁波文旅金融大讲堂"在线直播，首日在线观看量超过33万人次，累计在线观看量超过300万人次。

4.4　宁波深入推进国家文化与金融合作示范区创建的基本思路与主要举措

4.4.1　基本思路

4.4.1.1　指导思想

深入贯彻党的十九大报告精神，坚持"创新、协调、绿色、开放、共享"发展理念，以"四个全面"战略布局为统领，积极应对新常态，主动融入"一带一路"建设、长江经济带建设和"中国制造2025"等国家方略，深入贯彻宁波市委、市政府"加快建设现代化滨海大都市"的历史使命和战略部署，抢抓宁波创建国家文化与金融合作示范区的战略机遇期，大力推动保险机构集聚，加大保险供给侧改革力度，全力提升保险创新能级，积极鼓励金融资本、社会资本和文化资源紧密结合，统筹推进文化与金融合作的组织创新、产品创新、服务创新和机制创新，探索构建体系完善、满意度高、可持续发展的文化与金融合作模式，实现文化产业和金融业共赢发展。

4.4.1.2　基本原则

第一，坚持政府引导、市场主体。正确处理政府与市场的关系，充分发挥政府在统筹规划、组织协调、均衡布局、政策扶持等方面的引导作用，尊重市场规律，使市场在文化和金融资源配置中发挥决定性作用。

第二，坚持问题导向、重在合作。聚焦文化产业发展的关键问题，切实做好疫情防控常态化期间文旅企业"纾困解难"工作,加大文旅金融产品创新和服务创新,推动文化资源和金融要素的有效对接,促进文化产业和金融业相互促进、共同发展。

第三,坚持协同推进、贵在示范。在文化和旅游部、中国人民银行、财政部和浙江省政府及有关单位指导下,宁波市政府做好顶层设计、统筹规划,坚决守住不发生区域性系统性金融风险底线,推动相关部门、区域和金融行业协同参与示范区创建。同时要深入调研总结,研究先进经验的可复制性,培育和树立一批先进典型,发挥示范引领作用。

4.4.2 主要举措

第一,加大文化信贷创新力度。认真总结农行文创支行、文化贷风险池等文化信贷创新经验,同时借鉴新冠肺炎疫情防控期间文旅"白名单"制度的成功经验,针对银企信息不对称、资金供求不匹配等核心问题,立足文旅企业在生命周期各个阶段的不同信贷融资需求,构建与完善适应文旅企业发展需求的金融服务体系。

第二,推动文化直接融资工作。借鉴国内外文化直接融资先进经验,对宁波已有文旅企业的直接融资经验,特别是宁波股权交易中心"文化创意板"等典型案例进行分析,梳理宁波文化企业直接融资面临的制约,从增强企业市场竞争力、提升产业集聚程度、丰富直接融资扶持手段等层面进行政策引导支持。

第三,鼓励文化保险创新。全面梳理总结宁波国家保险创新综合试验区的成功经验,对宁波已有的文旅保险创新进行案例分析,提出宁波文化保险创新的新方向和新路径,深化文化企业保险理念,深挖文化保险潜在需求,加快保险供给侧改革,促进文化产业与保险互动发展。

第四,大力发展文旅数字普惠金融。由于宁波文化产业以中小企业为主,文旅金融业务灵活且相对松散,如果使用传统做法,金融机构就会因人力、物力投入过高造成业务难以为继。因此,宁波应大力发展文旅数字普惠金融,使之成为连接文旅产业和金融业的卯眼和榫头,大力降低合作成本,实现两大产业的合作共赢,推动文化产业高质量发展。

5 宁波文化间接融资创新发展

"十三五"期间，宁波文化产业取得了前所未有的快速发展，全市文化产业增加值年均增长 13.5%，高于全市生产总值的年均增速 5 百分点，在促经济进增长、扩大就业、推动创新等方面发挥着越来越重要的作用。金融是文化产业发展的血脉，宁波文化与金融互联互补、相互促进，构成了文化产业高质量发展的重要支撑。本章将从文化产业以银行贷款为代表的间接融资角度，对宁波文化产业的间接融资特征、典型案例进行分析，针对现实问题提出相关的政策建议。

5.1 文化产业间接融资主要特征

5.1.1 常态下文化产业间接融资特征

第一，文化产业间接融资具有需求驱动多元性。文化产业具有轻资产特性，其生产要素包括资本、技术、信息和人才，这些要素在产业内部的不同行业间相互渗透与融合。现代意义上的文旅产业涵盖领域更加宽泛，与计算机、通信等行业互为依托，信息技术与创意融合共生，延伸了文化产业的既有领域。因此，文化产业的资金需求不仅来源于有形资产的驱动，也来源于无形资本及人才的驱动。

第二，文化产业间接融资具有融资量大、融资周期长的特征。文化产业项目尤其是一些文化大型项目的投资要求高，项目初期资金消耗量大，不像多数实体产业的投资可以相对分散在各个阶段。以电影制作为例，前期投入大，90%以上的投入集中在电影的拍摄和制作阶段，而宣传和拷贝所用资金相对较少，从前期制作到后期发行的时间跨度很长。投资周期长在动漫制作中表现更为明显，动漫作品主要靠衍生品获取收益，从动漫作品创意诞生到制作，再到面世，动漫形象被大众接受需要一个过程，然后才能形成衍生品销售市场，这至少需要 2～3 年的时间。

第三，文化产业间接融资具有投入成本递减性。文化产业属于固定成本高、边际成本低的产业。初期的固定成本投入量大，当固定投资成本生成以后，在扩大产品规模时边际成本会快速降低甚至为零。以电影制作为例，初期创作、拍摄和制作的成本很高，但首张电影光盘制作成功后，后续大量复制时边际成本几乎可以忽略不计。这表明文化产品以规模为上，缺少规模则难以市场化。

第四，文化产业间接融资具有资金回报不确定性。文化产品是非必需品，也是体验性产品，消费者只有在消费行为发生之后，才能形成消费评价，而消费评价带有较强的个人主观色彩，这就导致文化产业的需求群体存在一定的随机性和选择性，供需双方的信息不对称加大了资金回报的不确定性。对于追求稳定收益的银行资金来说，文化产业无疑是高风险产业。

第五，新冠肺炎疫情防控常态化下文化产业间接融资出现新特征。2019 年末，新冠肺炎疫情突如其来，对文化产业发展造成了巨大的冲击。据中国旅游协会文旅投资分会 2020 年 10 月发布的《文化旅游行业投融资需求调研报告》，疫情影响下文化旅游行业出现了一些新特征，如文旅企业订单少、成本高、竞争激烈，经营困局仍会持续；文旅企业资金缺口大量存在，半数以上文旅企业依赖内部集资或银行信贷，间接融资对文旅企业纾困更为必要和关键；六成文旅企业通过融资扩大再生产，企业扩张需求依旧旺盛；政府部门继续出台刺激消费政策，有利于为文旅投资创造利好条件，特别是景区、交通、酒店等细分行业有望率先复苏。

5.1.2 宁波文化产业间接融资特征分析

近年来，宁波以创建国家级文化金融合作试验区为目标，进一步建立健全财政资金激励撬动金融机构支持企业文化创新和产业转型升级的有效机制，推出一系列金融支持文化产业发展杠杆工具，构建文化金融合作发展体系，加速推进文化、金融和产业"三融合"，从全国农业银行系统首家文创支行落户，到文化产业风险池和文创小贷公司成立，再到市级文化产业基金的组建，形成了一条承接有序、全面覆盖的文化企业金融"供给链"，使得宁波文化产业间接融资出现了一些"宁波特色"。

第一,自有资金积累和银行贷款是宁波文化企业目前主要的融资渠道。综观我国绝大部分地区,现阶段间接融资依然是文化企业最主要的外源性融资形式,主要包括企业债券和银行贷款,融资渠道相对狭窄,宁波也不例外。当企业发生融资需求时,首先选择的融资方式是向银行贷款。

第二,专营机构精准服务文创企业是宁波深化文化金融合作的一个亮点。2014 年 6 月,中国农业银行宁波分行组建全国农行系统首家文化创意支行。农行文创支行成立以来,取得了社会效益和经济效益的双丰收,至 2020 年 3 月末,该行各项贷款余额达 14.35 亿元,并获浙江省文化产业促进优秀理事单位称号。

第三,宁波文化产业信贷风险缓释机制逐步建立健全。通过加强金融与财政政策协调配合,市、县两级政府联合有关银行、保险机构共建文化产业信贷风险池,由政府牵头,合作银行授信,保险机构提供保证保险,为中小文化企业提供信用贷款。风险池 2015 年设立时规模为 1 000 万元,后规模扩至 3 500 万元,按 10～15 倍放大授信额度,同时再给予贷款企业贴息支持。

但是,作为文化企业融资渠道核心来源的银行信贷,由于文化企业资产轻、规模小、支持弱等客观因素,制约了信贷资源对其支持效果的进一步发挥,金融资本进入文化产业还存在着较大障碍。

5.2 宁波文化信贷专营机构典型案例分析:农行文创支行

5.2.1 机构概况

农行文创支行是响应国家关于金融支持文化产业振兴和发展繁荣的号召,在农业银行总行和宁波市委宣传部、市金融办等部门的领导和支持下,于 2014 年 6 月成立的。这既是中国农业银行系统内首家专业服务文创产业的分支行,也是宁波金融系统内首家金融支持文化产业的专营机构。

农行文创支行自成立以来,始终以服务文化产业、专注文化企业、构建文化金融为自身的经营定位,不断加强金融与文化的融合。截至 2020 年 5 月末,累计已为 40 余家文化企业提供授信额度近 7.8 亿元,涉及行业有文化旅游、新闻媒体、影视动漫、婚庆、非遗传承、文化专业市场、舞台舞美等。其中,作为主打产品的文化风险池贷款,累计已为 30 余家文化企业提供授信超 6 000 万元,目前有贷客户 18 户,贷款余额 3 730 万元,全部贷款未发生一笔坏账损失。此外,以"项目贷"的形式,联合农行属地分支机构,为宁波象山影视城民国城、方特东方神画、宁海前童古镇历史文化街区等知名旅游项目提供农行系统内"银团"贷款。目前,农行文创支行的特色产品如表 5-1 所示。

表 5-1　农行文创支行主要信贷产品

产品名称	产品内容与特色
文化风险池贷款	农行文创支行于 2016 年中标宁波文化产业信贷补偿资金(风险池)项目,全市银行类机构仅农行和工行中标。文化风险池贷款专门针对全市范围内轻资产、弱担保特点的小微文化企业,由银行、保险公司、政府三方按照 2∶4∶4 的比例进行风险共担,并提供低于市场价格的利率和保费,单户最高融资额度 500 万元。文化风险池贷款是目前文创支行的主打业务产品
文创快捷贷	针对优质小微文化企业客户,通过个人股东保证担保,并有选择性地追加应收账款、知识产权、版权、新三板股权、经营权等形式以解决融资担保问题的一款产品。单户最高融资额度为 500 万元
艺术品质押贷	农行文创支行与第三方艺术品专营机构合作,第三方机构为借款人提供全额保证担保,借款人以农行和担保方认可的艺术品做反担保。目前,农行文创支行仅介入近现代书画类艺术品,并对作者实行名单制管理。单户最高融资额度,法人为 200 万元,自然人为 50 万元
线上信贷产品	近年来,农银线上信贷产品也覆盖小微文旅企业,如纳税 e 贷、抵押 e 贷等。纳税 e 贷是针对纳税 B(含)级以上小微企业推出的专属融资产品,纯信用、免担保、利率优惠、随借随还。抵押 e 贷是以房产抵押作为主要担保方式,为小微企业办理的在线抵押贷款。线上信贷产品的特点是额度高、期限长、审批快、利率优惠、随借随还

资料来源:根据调研自行整理。

5.2.2　营运特色

中小企业融资难是世界性难题,文创类中小微企业尤甚。究其原因,主要是企业资产多以创意、版权、著作等无形资产为主,价值难以评估,缺少可抵押的有形资产,等等。针对文创类小微企业的特点,农行文创支行勇于开拓创新,形成了"五专"工作特色。

第一,机构专营。文创支行是农行系统内首家以"服务文化产业、专注文化企业、构建文化金融"为定位的特色支行,针对文化金融单独建立一套不受传统信贷制度制约的准入及风控制度,并享有不受属地限制,服务宁波全大市范围内文创企业的权限,一定的产品创新及制度突破权限。实现了机构的独立化、专营化。2019年2月,农行文创支行获评中国农业银行系统"小微企业服务示范支行"荣誉称号。

第二,制度专项。针对文化企业,农行文创支行先后制定实施了《宁波文化产业信贷服务方案》《支持文化产业发展的若干意见》《加快文创支行文化金融发展意见》《宁波文化产业信贷风险补偿资金业务合作方案》等多项政策支持文件,从思想上统一了认识,坚定了为文创企业服务的信念。

第三,人才专用。农行文创支行成立后,从分支行两个层面组建、锻造了一支熟悉文化金融业务流程、熟知文化产业项目价值、熟识文化产业风险管控的专业化人才团队。他们深耕文化产业,主动寻找对接有金融需求的客户,支持符合条件的优质客户做大事业。针对小微企业的文化风险池贷款项目,创造了无一例坏账的优秀业绩。

第四,政策专属。农行文创支行对主业突出、现金流充裕的优质文化小微企业,在信贷规模、担保政策、押品估值、利率定价、不良贷款容忍度、审批权限等方面给予较大力度的政策倾斜。一是贷款利率优惠。农行文创支行在市分行的支持下,给予小微文化企业分行权限内的优惠利率,文化风险池贷款平均利率低于普惠金融利率水平。二是担保政策创新。农行文创支行根据小微文化企业特点,在审慎把握整体风险的情况下,创新采用了个人股东夫妻双方保证担保、文化产业风险补偿资金(风险池)担保、新三板及以上股权质押、应收账款质押、知识产权质押、经营权质押等多种模式。三是调查审批高效。农行文创支行有专业调查团队负责企业的前期调查,市分行层面则在机构业务部、公司业务部、信贷管理部等实行专人调查审核,开辟绿色通道,实行"专人审查、限时办结",大大缩短了审批流程。

第五,资源专享。农行宁波分行为文创支行配置专项营销费用和专项奖励工资,对面向小微文化企业新开户的营销活动和文化金融专属产品进行奖励。同时,制定差异化考评机制,落实尽职免责措施,鼓励员工勇于创新,解决业务开拓的后顾之忧。

5.2.3　典型案例

5.2.3.1　文创快捷贷化解 A 公司资金约束

A 公司是宁波本地具备国家认证的专业影视文化公司。2015 年，该企业因同期拍摄项目较多而遭遇资金瓶颈。经宁波市委宣传部引荐，农行文创支行在第一时间与该企业进行接触，银行客户经理多次深入企业开展尽职调查，获得了第一手资料。银行评估认为，虽然该企业存在着轻资产、弱担保、前期投入大、资金回笼慢等小微影视企业面临的共性问题，但其创意内容优质，团队经验丰富，市场前景较好，且个人股东资产实力雄厚，在当地影视剧界有一定声望，企业违约成本较高，违约概率较小。基于上述判断，农行文创支行运用文创快捷贷产品，在主要股东提供担保并追加未来应收账款质押后，给予该企业 400 万元的信贷支持，帮助企业顺利完成影视作品制作任务。

A 公司在最困难的时期得到了农行宁波文创支行的鼎力相助，后续获得了良好的成长，随着自身实力的增强，公司已于 2017 年下半年结清了在农行文创支行的全部贷款。同年，由 A 公司制作的重点项目——中国首部户外 3D 探险电影搬上大荧幕，以平均不足 4% 的排片率，博得 5 000 万元的票房，上座率一直高居同映影片之首，取得了不俗的市场反响。

5.2.3.2　文化风险池贷款助力 B 公司成长

B 文化传播有限公司是一家以城市论坛 IP 打造、品牌整体推广、高端论坛策划等为主营业务的宁波文化企业。公司成立初期，由于大型会议成本较高且账款回收期限较长，经常面临资金紧张的困境。在了解到文化风险池贷款项目后，公司向农行文创支行提出了贷款申请。农行文创支行客户经理深入企业展开调研，发现该公司实际控制人有在大型企业从事管理工作的经验，还兼任多个社会团体的主要负责人，人脉资源十分丰富；该公司虽成立不久，但已成功举办过多次大规模会议，社会反响较好且实际盈利能力较强。于是启动文化风险池贷款流程，经农行文创支行、人保财险宁波分公司分别独立调查，宁波市委宣传部与企业约谈通过后，为其发放首笔 50 万元文化产业风险池贷款，后增至 280 万元。

在信贷资金的助力下，B 公司业务规模不断增长，业务能级显著提升。

2018年3月成功举办月湖峰会,邀请了潘基文、钱文忠、郑永年等演讲嘉宾,汇聚了1 500位行业精英,共同探讨传统文化在新时代的发展机遇,为实现城市经济效益和社会效益的双赢之路寻找新思路、开创新征程。峰会得到社会和政府部门高度关注,公司知名度大大提升。农行文创支行也受邀参加峰会,金融支持文创产业发展的思路和模式得到了与会各界的肯定。

5.3　宁波文化信贷的政银保合作案例分析:文化贷风险池

5.3.1　业务概况

宁波市的文化产业信贷风险补偿资金(风险池)(以下简称文化贷风险池)创立于2015年,是由宁波市委宣传部牵头,联合中国工商银行、中国农业银行、中国人寿财产保险公司、中国太平洋财产保险公司和中国人民财产保险公司共同建立的文化产业信贷风险补偿机制。目的是引导金融机构加大对中小微文旅企业的信贷支持力度,破解企业因轻资产、缺抵押等特点而面临的融资困境。

宁波文化金融服务中心有限公司作为政府方代表,成立宁波文化产业风险补偿基金即风险池,并按照10~15倍比例放大授信额度,合作银行(工行宁波鼓楼支行、农行文创支行)在授信额度内向文旅中小微企业发放贷款。约定当贷款遭遇坏账时,商业银行、保险机构、文化产业风险补偿基金三方以2∶4∶4的比例共担风险。

自成立以来,文化贷风险池支持的文旅企业贷款,无论是放贷规模还是受惠企业数量都呈快速增长态势。文化贷风险池首期规模为1 000万元,2016年扩充至3 000万元,按10~15倍放大授信额度,同时给予贷款企业贴息支持。截至2020年6月30日,已累计发放金额超过2.2亿元。其中,农行文创支行累计发放金额为1.1亿元,共计58笔,现存有贷企业20家,贷款余额3 820万元;工行宁波鼓楼支行累计发放金额为1.1亿元,累计发放64笔,现存有贷企业17家,贷款余额2 360万元。

5.3.2　业务特色

5.3.2.1　联合多方力量,助力文旅小微

第一,财政资金与信贷资金有机融合。财政资金通过设立文化贷风险

池的方式参与文化企业融资活动,将政府"有形之手"与市场"无形之手"完美结合,支持金融机构服务实体经济发展;通过引入保险机构进一步巩固风险共担机制,三方合作共同化解文创企业融资难困境。

第二,财政贴息降低企业融资成本。对于符合条件的文旅企业,银行给予普惠利率(基准利率略微上浮),降低企业财务成本。同时,通过审核的企业还将获得贷款金额 2% 的补贴,用于覆盖在融资中企业所支付的保险费用,减轻经营负担。

第三,分工明确,层层把关。企业在申请风险池贷款时,需要通过保险公司和银行分别调查、审批,经宁波市委宣传部约谈确认,才可取得贷款。三方把关不但保障了文化贷风险池各主体机构的利益,也明确了各方权责。

5.3.2.2 拓展线上产品,提升服务效率

风险池贷款推进过程中,银行结合自身拓展线上业务的契机,推出线上金融产品为文创小微企业服务。如中国工商银行配套出台"经营快贷",通过大数据等金融科技手段,为小微企业提供无抵押的在线融资产品,该类产品不仅降低了银行审核成本,而且提高了企业融资效率。农行文创支行也出台针对小微企业的普惠产品,如纳税 e 贷、抵押 e 贷。商业银行通过线上业务的形式,实现服务形式创新,不但能增强客户黏性,也有助于实现银行服务转型。

5.3.2.3 优化风控机制,严格风险管理

第一,银行为实现良好的风险管控,积极采取措施,控制不良贷款率。文化贷风险池运行至今未发生一笔坏账损失。

第二,合理设计企业贷款准入门槛。银行针对文旅企业特征,设计特定的准入标准进行企业筛选,包括细分行业发展状况、企业财务状况、企业违约成本、企业法人的个人素质、征信情况和行业专注度等。

第三,科学核定贷款额度和期限。银行从企业贷款用途、经营状况、净资产、总估值、法人还款能力等方面综合考虑,合理测算出企业授信额度和放贷期限,单笔金额最高不超过 500 万元,单笔平均 200 万元。

第四,动态调整风控标准。银行通过上下游企业来了解企业经营状况,通过电话沟通、实地走访等方式进行信贷业务检查。受疫情影响,婚庆、旅游等企业的经营大环境发生变化,银行结合行业环境和企业经营情况对风

控标准及时进行调整。

5.3.3　典型案例

5.3.3.1　C公司借力文化风险池贷款扩展业务

C公司成立于2009年,是一家主营健身器材、篮球器材、足球器材、乒乓球器材、台球桌器材、田径器材、场馆座椅等体育用品的批发、零售和安装的文体用品企业。

在业务拓展过程中,C公司想争取国内某知名篮球系列体育用品的代理权。但是,品牌方在谈判过程中较为强势,要求C公司必须在进货前一个月预付货款。考虑到该品牌代理权未来的市场发展潜力,C公司决定接受这一苛刻条件,努力解决预付资金问题。于是,C公司找到银行寻求融资。银行在仔细审核公司的经营业绩、银行账面流水、企业主个人资信情况和资金用途等内容后,认为公司经营较为稳定,计划实施的品牌代理业务也较有市场前景,符合文化贷风险池贷款的要求。经银行、保险公司、宁波市委宣传部三方审核认定,最终发放贷款60万元,助力C公司顺利取得品牌代理权。自获得该品牌代理权之后,C公司的销售收入从2018年的570万元提升到2019年的1 018万元,增长率约为78%。与此同时,C公司将业务拓展至东欧、中东、东南亚、南非等地区,外贸业务量也节节攀升。

5.3.3.2　D公司通过文化风险池贷款降低成本

D贸易有限公司成立于2016年,是一家主营各类文化用纸、包装用纸批发和加工的文化类制造企业。2017年,废纸价格上涨、煤炭涨价、运输费用上涨、环保限产以及需求增加等造成市场上纸张供需失衡,纸价一路上涨。D公司生产加工所需的灰底白板纸、白卡纸和铜版纸等原纸一时间成为抢手货。许多供应商因为占据市场话语权,要求买方必须以预付货款的支付方式作为供货的条件。同时,供应原纸的数量与预付款金额挂钩,预付款金额越大的企业越能优先取得原纸的供货权。

在上述大环境压力下,D公司联系银行寻求融资帮助。一方面,银行详细了解了D公司所处行业的政策和发展动态;另一方面,银行客户经理通过实地走访等形式了解企业的经营状况和业务流程。根据公司历年银行流水、资产和财务状况以及行业特点等,联合保险公司、宁波市委宣传部综合评估公司的整体经营状况和还贷能力,一致同意 D 公司文化风险池贷款的申请,给予 100 万元的授信额度。

D 公司获得融资后,将放贷资金全数用于购买原纸以满足生产经营需要。由于当时市场上原纸供不应求,价格一路上涨,得益于提前购买了生产所需的原纸材料,公司的原材料成本得以控制,低于市场同类企业,当年公司利润率明显上升。2017 年、2018 年公司销售收入分别为 2 433 万元和 2 280万元,净利润分别为 94 万元和 158 万元。经历此次贷款后,D 公司对文化风险池贷款业务给予高度评价,认为该业务从小微文旅企业特点出发,降低企业融资成本,有效缓解了融资难。D 公司后续还介绍了多家上下游企业申请风险池贷款业务。

5.4 新冠肺炎疫情防控背景下宁波文化信贷创新典型案例分析: 文旅"白名单"

5.4.1 文旅"白名单"的实施背景与总体方案

2019 年来,突如其来的新冠肺炎疫情使宁波文旅行业受到了剧烈冲击。据估计,疫情防控期间宁波市 95% 以上的文旅企业处于停工停产停业状态。特别是在 2020 年春节期间,据不完全统计,宁波全市累计超过1 400场演出、庙会、灯会等文旅活动被迫取消,超过 2 500 多家场馆和景区无奈关闭。整个宁波旅游产业更是承受了巨大压力,2020 年 1—3 月的国内旅游人数为 944.6 万人次,同比下降 65.8%;国内旅游收入 133.4 亿元,同比下降68.7%;住宿设施接待入境过夜游客收入为 706.1 万美元,同比下降 93.3%。

在此背景下,为深入贯彻习近平总书记关于坚决打赢新型冠状病毒感染肺炎疫情防控阻击战的重要指示精神,全面落实党中央、国务院和省市党委、政府关于疫情防控的决策部署,加大文旅企业(指 A 级景区、旅行社、星级饭店、花级酒店、等级民宿、演艺娱乐、广播电视、动漫游戏、文明网吧等企业)扶持力度,支持文旅企业纾困解难,宁波文旅局根据《宁波市人民政府关于有效应对疫情促进服务业平稳健康发展的意见》(甬政发〔2020〕5 号)要求,于 2020 年 2 月 20 日发布《宁波文化广电旅游局贯彻落实〈宁波市人民政府关于有效应对疫情促进服务业平稳健康发展的意见〉实施细则》(以下简称《细则》),其中明确提出了"白名单"概念。

"白名单"是"宁波重点文旅企业白名单和优选文旅项目库"的简称。建立"白名单"项目库,是《细则》的首条内容,足见对该项目的重视和寄予的厚望。《细则》中明确:建立重点文旅企业"白名单"和优选文旅项目库,明确中国建设银行宁波分行设立 50 亿元疫情专项信贷额度(其中专项信用贷款 10 亿元);鼓励金融机构开发专属信贷产品,开通审批放贷绿色通道,对"白名单"文旅企业给予专项利率优惠支持,确保贷款利率低于同期贷款市场报价利率水平;加大信贷支持力度,对受疫影响正常经营遇到严重困难的文旅企业,可对其新增贷款安排政府贴息资金支持其降低融资成本,按企业实际贷款利息的 50%以内比例进行贴息,贴息期限不超过 3 个月,每家企业最高贴息金额不超过 10 万元。

5.4.2　具体措施

"白名单"项目的承接银行——中国建设银行宁波分行,于 2020 年 2 月与宁波文化广电旅游局签订战略合作协议,担负起精准支持辖内文旅企业复工复产、抗疫重振的责任,体现了政银企三方合作、共克时艰的决心。建行宁波分行具体措施如下。

第一,接收分配"白名单"。建行宁波分行接收宁波文化广电旅游局定期发送的文旅企业"白名单",按照企业规模不同,将大中型企业交给公司业务部,小微型企业交给普惠金融部,两部门再根据属地原则,将企业分派给相应区域的建行分支机构对口部门,属地化开展工作。

第二,给予利率优惠。疫情防控期间,"白名单"内大中型客户贷款利率原则上为 LPR(贷款基础利率),优质客户还可以适当下浮,最低不低于 LPR-30BP;对普惠型小微文旅企业新发放贷款,最低也可享受 LPR-30BP 的优惠利率。

第三,开辟绿色通道。对于"白名单"客户,建行宁波分行开设绿色通道,在做企业尽职调查时,审批职能同时跟进,由建行宁波分行公司业务部、风险管理部、授信审批部进行集中批量会商,大大提高了贷款办结速度。

第四,严管资金用途。疫情防控期间,凡是"白名单"内享受优惠利率、财政贴息的贷款企业,其贷款资金用途仅限于防疫与复工所需的流动性资金需求。建行对此进行严格监管。

截至 2020 年 5 月底,宁波文化广电旅游局推送给建行文旅企业"白名单"(第一、二、三批)共计文旅企业 192 户,包括 60 家大中型企业和 132 家小微企业。建行实际投放贷款 34 户,总授信金额 21.74 亿元,已投放金额 15.46 亿元。其中,大中型企业投放贷款 15.22 亿元,涉及客户 19 户;小企业投放贷款 0.23 亿元,涉及客户 15 户。

5.4.3 典型案例

5.4.3.1 金融支持大中型文旅企业抗疫复产

E 公司是宁波本土大型文化企业,成立约 10 年,主要经营文化产业投资、文化艺术活动策划、影视推广策划、广告服务、展览展示服务、影视设备租赁等,在业内有一定名气和影响力。2020 年初,受新冠肺炎疫情影响,E 公司旗下所涉及的婚庆、酒店、剧院等相关产业全部暂停营业,营业收入几乎降为零,百余名员工待岗,但仍要维持员工的基本收入,企业面临前所未有的困难和压力。建行宁波分行在获取文旅企业"白名单"后,第一时间就与 E 公司取得联系,并将其纳入重点企业信贷业务绿色通道,按照特事特办、急事急办原则,仅仅用 2 天时间就完成了资料搜集、贷前调查、授信申报等流程,最终给予 E 公司 1 000 万元贷款,保证客户在第一时间用上了这笔"抗疫资金",有效提振了企业克服疫情不利影响、推进复工复产的信心。

F 公司作为全国百强旅行社,在行业内处于领先水平。受新冠肺炎疫情全球蔓延影响,其旅行社业务和票务代理业务基本处于停滞状态,且后续经营情况存在很大的不确定性,资金周转面临困难。根据宁波文化广电旅游局提供的"白名单",建行宁波海曙支行主动服务、快速对接,第一时间与企业取得联系,在 24 小时内为 F 公司发放无抵押、纯信用流动资金贷款 400 万元,年化利率从原先的 4.78% 降到 4.05%,真正为企业减成本、谋便利,体现了建行速度与责任担当,也践行了宁波人民政府关于有效应对疫情,促进服务业平稳健康发展的号召。

5.4.3.2 贷款扶持小微文旅企业走出困境

G 公司主营餐饮业务,新冠肺炎疫情爆发后,公司餐饮业务一落千丈,资金周转不灵,经营难以为继。建行宁海支行第一时间梳理文旅企业客户名单,主动与公司取得联系。在获悉 G 公司存在流动资金紧张等困难后,结合企业实际经营情况及前一年缴税情况,建行宁海支行客户经理主动上门,指导 G 公司通过建行一站式信贷服务平台"建行惠懂你"App,在线办理了额度 100 万元的云税贷业务,该笔业务属于无须任何抵押的信用贷款,手续便捷,到账及时,100 万元额度当天生效,利率仅 4.5%,切实解决了 G 公司的燃眉之急。

H 酒店是象山当地知名的旅游酒店,新冠肺炎疫情的到来,对旅游服务业造成了极大的冲击,酒店业尤为严重。H 酒店生意惨淡,客流量锐减,住宿和餐饮业务急速下滑,面临经营难以为继甚至可能倒闭的风险。建行象山支行在接到宁波文化广电旅游局"白名单"后,主动联系对接"白名单"客户。在了解到 H 酒店的资金困难和复工复产愿望后,建行象山支行根据其拥有酒店大楼物业,可作为贷款抵押物的有利条件,迅速启动贷款调查、申报审批等手续,在最短时间内完成贷款发放,给予企业 3 年期 450 万元的抵押贷款,利率仅为 3.85%,及时缓解了企业资金周转困难,有效提振了企业渡过难关、恢复生产的信心。

5.5　宁波文化间接融资面临的问题

5.5.1　银企信息不对称

第一,企业管理不规范导致信息不对称。文化企业客户群体以小微企业为主,银行在授信申报及审批流程中耗时最长的为资料收集环节。由于小微文化企业普遍存在财务制度不健全、信用状况不理想、盈利模式不清晰等问题,银行难以真实了解企业的经营管理和财务状况,也难以对其在未来产生的现金流进行准确的市场评估,无法对收益预期进行合理判断。银行为文旅小微企业服务不仅投入成本高,而且承担风险大。

第二,产业链不完整加重信息不对称。文化产业属于朝阳产业,在宁波起步发展较晚,尚未形成"创意—生产—销售—衍生品开发"的完整产业链。文化用品难以开模、生产,品牌策划不足,市场推广不力;很多企业各自为政,缺少相互沟通与合作;联结创意与市场的中介组织更是紧缺。这类相对封闭的单打独斗式运营,不利于信息与技术的传递、溢出和共享,产业规模效应和集聚效应远未形成。这不仅使金融机构无法通过上下游业务信息的互相印证对贷款安全性作出判断,也造成金融创新手段的应用缺乏相应的土壤和基础。

第三,抵押担保缺失制约银行放贷。文化企业属于轻资产行业,其资产以版权、专利等无形资产为主,缺少固定的机器、房屋、产品等有形资产。无形资产往往难以评估定价,导致贷款所需的抵押物难以设定。小微文旅企业缺少必要的增信手段,申请贷款时面临抵押、担保不足,现金流量有限等问题,使得文旅行业贷款同比增长通常低于区域平均水平。

5.5.2 资金供求不匹配

5.5.2.1 融资结构与企业生命周期不匹配

第一,宁波文化企业以小微民营为主。宁波文化产业特别是文创产业的起步比其他城市慢,无论是 GDP 占比还是整体表现,与上海、深圳乃至杭州、青岛相比都有差距;缺少在国内文化领域耳熟能详、具有引领作用和示范效应的头部文化企业。截至 2019 年底,全市共有 3.4 万家文化企业,其中小微企业占 95%,这些企业大多是轻资产的民营创意企业,大部分尚处于初创阶段,具有规模小、抗风险能力弱等特点。

第二,小微企业的高风险与银行的审慎性原则存在显著冲突。处于生命周期初级阶段的小微企业具有高风险、高回报的特征,与商业银行的审慎性贷款原则不相容。与之相匹配的融资模式理应是风险投资,但当前宁波文化金融的主要模式仍然是由银行主导的间接融资,如前文所述的农行文创支行、文旅风险池贷款、文旅"白名单"等,风险投资等直接融资少。宁波现有 A 股上市文化企业 7 家,主要集中在文化制造业等领域①,尚无真正意义上的文化创意类上市公司。在区域股权交易所(甬股交)挂牌的文旅企业,能筹集到的直接融资金额极其有限。

5.5.2.2 贷款供给与资金需求时间不匹配

第一,贷款期限供求不匹配。近四成文化企业希望融资期限在两年以上,近六成企业需要一年以上的长期投资。因此,中长期投资(一年以上)更受文化企业青睐。但银行为了控制资金风险,给企业的贷款一般以短期流

---

① 按照证监会分类指引,宁波韵升、海伦钢琴、GQY 视讯、创源文化、乐歌股份属于制造业,广博股份、香溢融通属于租赁和商务服务业。

动资金贷款为主,期限在一年以内。贷款期限的错配制约了文旅企业正常经营发展的需求。

第二,贷款阶段供求不匹配。文化企业资产最重要的组成部分是版权、专利等知识产权。根据现行担保法的规定,可质押的知识产权必须是已经客观存在的。但现实中,企业往往在获得知识产权或制造文化产品的过程中最需要资金支持。因此,文化企业的资金需求与银行的放贷条件存在时间阶段上的错配。

5.5.3 中介服务不健全

第一,专业中介机构缺乏。文化产业的市场价值是以意识形态为基础的经济价值,文化企业以无形资产为主,对无形资产的评估牵涉企业品牌、知识产权以及人力资源等。要实现金融与文化的产业融合,需要有健全的中介服务体系。中介服务是连接文化企业和金融机构的桥梁和隧道。中介机构可以为金融机构提供版权价值评估、资信调查、项目筛选、还款能力调查、版权保护等服务。中介市场可以为金融机构在处置违约项目时,提供抵押品拍卖和转让的场所。目前,宁波面向文化领域的专业中介机构和中介市场缺乏,减慢了文化与金融的融合步伐。

第二,文创金融大数据积累不足。金融支持文化产业发展需要金融机构研究制定一套符合文化产业特点的差异化机制,机制的设立需要大量有关文创企业的前期数据的积累。但和金融机构久已深耕的传统产业不同,文化产业一直游离于金融体系之外,信用体系并不完善,金融机构对文化产业的数据积累还相当匮乏。而且,文化产业所包含的行业点多面广,产业本身也因为技术的更迭处于深刻的变革中,数字文化产业、创意文化产业层出不穷,仅靠金融机构本身很难完成对文化产业及细分行业的数据积累和加工应用。

5.5.4 金融创新不充分

第一,文旅金融产品有待丰富。以专业型金融机构农行文创支行为例,相比其他地区的文创银行,其金融产品有待丰富。同在计划单列市的青岛银行文创支行,针对小微文化企业,推出了包括影视演艺贷、文化旅游贷、创意版权贷、文创小镇(园区)贷、"一带一路"文化贸易贷等五大系列特色产品;针对高成长性但融资风险也较大的企业采用"投贷联动"模式,与天使投资、私募股权投资等渠道业务合作,打造贷、债、股"三位一体"的综合金融服务体系。再如杭州银行文创支行,推出风险池贷款、选择权贷款、顾问类业务、新三板起飞贷、银投联贷等服务板块,过程上涵盖企业成长的全生命周期,力度上等同于杭州银行总行对科技企业的扶持标准。

第二,金融创新投入有待增强。农行文创支行自成立以来,由于文化金融业务对自身业绩增长并未发挥明显促进作用,投入产出比明显低于其他业务类型,导致现阶段无法全力投入文化金融产品开发工作,所投入的人力与物力相对较少,从而造成文化金融产品创新迟缓,文化金融领域蕴含的巨大产业发展机会未能得到充分挖掘。

5.6 宁波文化间接融资体系构建及保障措施

5.6.1 建设原则与基本目标

5.6.1.1 建设原则

在推动宁波文化间接融资体系建设中,应遵循以下三个原则。

第一,政府引导、市场运作原则。坚持市场在资源配置中的决定性作用,鼓励不同市场主体创新产品、技术、服务和发展模式,探索多元共赢和商业可持续的文化金融模式。发挥政府部门在政策支持、试点示范、宣传协调等方面的作用,建立政府引导、市场驱动、社会参与的文化金融发展机制。

第二,综合推进、补齐短板原则。发挥政府资本、金融资本、民间资本和境外资本各自优势,构建多元化的金融服务组织体系、市场体系、产品体系和生态体系。针对区域文化金融服务领域的短板和不足,下大力气进行培育和扶持,不断完善文化金融服务体系。

第三,科技支撑、国内领先原则。打造以新技术为底层支持的文化与金融合作的新基建,打造新模式、创造新增量,加速推进新型文化金融产品与工具在宁波落地和适用。形成一系列可复制、可推广的创新型文化金融产品、体制机制和服务模式,进入国内文化金融服务领域的第一梯队。

5.6.1.2 基本目标

推动文化与金融合作的产品创新、服务创新和机制创新,构建与宁波文化产业发展阶段相匹配、多元有序的文化金融组织体系,形式多样、充满活力的文化金融创新产品体系,功能完善、高效便捷的文化金融服务保障体系。其基本目标包括三个方面。

第一,文化产业总体规模不断扩大。力争到2021年底,文化法人单位总数超过3.5万家,在A股市场、新三板市场和宁波股权交易中心挂牌企业分别达到8家、20家和200家。

第二,金融支持文化发展力度增强。力争到2021年底,全市文化金融特色机构超过10家,文化产业贷款增长高于全部贷款平均水平。

第三,文化金融合作体系更加完善。初步形成市场细分、种类齐全的文化金融产品体系;建成文化金融信息发布、项目征集、公共服务、信用管理等平台;促进文化金融供应链更加完善、合作机制更加灵活、服务保障更加有力、生态环境更加优化。

5.6.2　构建内容

受文化产业整体环境和企业自身成长特征的影响,大部分文化企业能够自主选择的融资渠道是有限的。文化企业在成长的不同阶段表现出不同的企业特征和风险状况,其融资需求和特点也不尽相同。为缓解文旅企业融资难和融资贵的问题,从企业生命周期角度出发,立足文旅企业在生命周期各个阶段的不同融资需求,探究如何构建与完善适应文旅企业发展需求的金融服务体系。

5.6.2.1　为初创型企业打造"政策金融＋风险投资"服务体系

初创期文化企业需要大量的前期资金投入,包括人力和固定资产投入、日常运营费用、市场营销费用等。但同时,初创型企业缺少市场辨识度,前景还不明朗,因而面临着极大的市场风险和经营风险,一般很难获得银行的融资支持。因此,除了企业自有资金、民间金融等融资来源,适应初创期文化企业的金融服务应以政策金融为主导,并撬动风险投资等社会资本进入企业。

第一,政策金融支持和引导初创企业发展。政府财政资金投向处于初创期的文化企业,主要采用直接资助、引导基金、担保补贴、贷款贴息和税收优惠等形式。其中,政策性引导基金如宁波文化产业基金、宁波创业投资引导基金等,进入具有发展前景的文化企业和项目,充分发挥财政资金的杠杆效应和引领作用。此外,政府基金通过扶持商业性创业投资企业的设立与发展，可以引导社会资本进入对初创期文化企业进行投资的创业投资领域。依靠政府信用，示范和引导社会资本投入重点规划领域的文旅企业。

第二，风险投资参与文化企业融资。风险投资作为专业化投资机构，具有一套完备的风险投资机制和一批项目甄别人才。对初创型文化企业引入风险投资，不但能为企业提供持续的资金，还能利用风险投资优化自身的经营管理等专业资源，获得较高的经营管理和市场资源平台，为企业做大做强奠定基础。

5.6.2.2　为成长型企业构建"甬股交＋银行＋保险"服务模式

经历过初创期的开拓市场阶段，成长期文化企业产品的市场占有率开始提高，企业有了相对稳定的客户群，现金流开始增加。但该阶段的文化企业由于面临激烈的市场竞争，市场风险和经营风险依然较大。金融服务应采用股权融资为主导，兼顾债务融资的模式。

第一，银行产品创新加大企业扶持力度。金融机构应持续优化扶持文化企业的机制，弱化担保、收入等传统要素权重，适当增加风险容忍度；引入大数据、物联网等金融科技，提升银行审批效率，进一步降低放贷门槛和审批手续；设立专项放贷资金用于扶持文化初创企业和项目。提高银行金融服务效率，积极推进"大数据＋"金融服务模式，推动文化小微企业和金融机构融资需求与供给信息互通，提高贷款审批效率。

第二，保险创新为企业融资增信。鼓励保险公司参与文化企业融资贷款服务，基于大数据科学评估，出台文化类保险产品，为文化企业间接融资提供信用贷款保证。鼓励保险公司推出知识产权质押融资服务，帮助文化企业将知识产权变现。扩大政银保类保险产品的覆盖面，降低保险费率，根据文化企业不同风险状况设定浮动费率，降低企业融资成本。

5.6.2.3　为成熟型企业提供"上市＋发债＋银行"多元化服务

随着文化企业进一步的发展，文化项目开发相对完备，企业资产也已形成规模，企业利润进入持续增长阶段。处于该阶段的企业，一方面，要持续推广已有文旅项目，稳定客户群体；另一方面，要深入挖掘有潜力的新项目。成熟型文旅企业的资金需求主要用于加大新项目的开发和研发投入，维持自身市场竞争力。成熟型企业较易从金融市场获得资金，可以采用多元化的金融服务体系。

第一,做好上市培育工作。加强上市后备力量储备,按照"上市一批、推荐一批、储备一批"的工作原则,不断加强上市挂牌后备资源的摸底和培植工作。依托宁波股权交易中心、宁波文化广电旅游局、宁波市委宣传部的资源,筛选出主业突出、经济效益好、成长性强的文化企业名单,纳入后备资源库,并进行动态管理,确保入库资源处于最优状态。健全配套金融服务机制,加强对后备资源库企业的培训和辅导,通过培训观摩和现场辅导等形式,为企业提供一对一的合理化上市挂牌指导,着力转变企业决策者思想观念,增强后备企业上市的信心和动力,帮助企业尽快融入资本市场,实现自身跨越式发展。

第二,丰富金融机构融资产品。除了传统的抵押、信用贷款等金融业务,金融机构应积极创新和出台组合类融资产品。例如,出台"股权＋贷款＋保险"的三方融资产品,探索引入保险为企业增信,将信贷市场、股权市场和保险市场三者有机融合,打通资金从银行到企业的多元化通道,实现企业、保险公司、银行、区域性股权交易中心四方利益共享。

第三,鼓励企业发行债券票据。一方面,鼓励和扶持有条件、上规模的企业发行公司债券和票据,帮助企业降低债券发行成本;另一方面,探索集群发债融资模式,依托文化产业园区集群优势,针对园区同类企业聚集的特点,创新发展集群可转债、团体交叉股权投资与知识产权互助质押等业务。

5.6.3 保障措施

5.6.3.1 加强组织领导

第一,建立文化与金融合作示范区工作领导小组与区域内人民银行、银保监局、证监局、金融办等机构的联席会议制度。配备专职工作人员,完善信息互通渠道,定期通报中小微企业融资情况,加强部门协作。定期召开联席会议,合作共商文旅金融重点工作,及时疏通工作中的难点,协同解决文旅企业融资难问题。

第二,制定和完善全市文旅企业、文旅金融相关数据统计机制。建立健全以市场为主导的文化金融服务评价指标体系,精准化管理文旅企业财政资助标准,避免一刀切。鼓励金融机构形成差异化文旅产业金融服务机制,提高文旅企业不良贷款容忍度,并相应调整绩效考核标准,优化政策激励方式,调动服务部门和人员的工作积极性。

5.6.3.2 加强行业治理

第一，推动文旅企业治理规范。提高文创类小微企业"入园率"，加大对小微企业园区各项扶持优惠政策的宣传力度，鼓励园区提供专业化的服务、指导和培训，帮助企业逐步建立和完善合规财务制度与管理体系，为对接金融服务提供有利条件。

第二，推动建立文化产业链。借助文化产业园区企业集聚优势，鼓励金融机构和园区合作，打造智能撮合系统，为企业与企业之间提供信息交流、资源交换的平台。加强企业间合作，推动形成文化产业链，打造上下游信息能够互为印证的金融服务支撑体系。

5.6.3.3 加强生态建设

第一，完善中介服务市场。发展文化经纪代理、评估鉴定、技术交易、推介咨询、担保拍卖等中介服务机构，引导其规范运作，向品牌化、专业化方向发展。提高文化产业的市场化程度，促进知识产权交易市场体系完善，提高银企双方在评估、转让、定价环节的效率，塑造良好的文化产业发展氛围和金融生态。

第二，完善信用体系。充分发挥协会、商会作用，促进文化企业信用信息的采集、使用和共享，建立银行、市场监管、经信、税务等多部门联动的文旅企业信用信息共建共享机制，探索各机构文化企业信用评价标准联动。建立文化企业信用评价结果与银行信贷、政府政策扶持的挂钩机制。

5.6.3.4 加强技术支撑

第一，以金融科技赋能小微企业信息管理。基于小微企业园、产业互联网平台、供应链等管理模式，运用电子合同、电子发票技术以及网络大数据技术、区块链技术、物联网技术等，实现企业精准画像，通过证券化、标准化、可流转化的金融创新，将企业信息流、物流和资金流完美合一，实现实时、低成本金融服务，便利中小文化企业融资。

第二，建立文化企业融资信息共享网络服务平台。内容可以包括信息服务、信贷服务和担保服务等方面。通过发布文化企业、商业银行、政府部门、担保机构等部门的信用信息、行业扶持政策和信贷政策、金融产品和申请流程等信息，降低市场融资成本，减少融资风险，实现金融机构与文化企业的精准对接。

6 宁波文化直接融资创新发展

近年来,国家先后出台《文化部关于推动数字文化产业创新发展的指导意见》《进一步支持文化企业发展的规定》等一系列文件,鼓励科技与文化相融合,鼓励文化企业通过上市、发行债券、创业投资等直接融资方式积累资金,助推文化产业高质量发展。本章将以宁波文化直接融资为主要研究对象,借鉴国内外资本市场支持文化企业的发展经验,结合宁波实际,对宁波文化直接融资创新提供一定的研究支撑。值得注意的是,由于国际上对文化产业的定义有所不同,本章的国际经验比较部分不会特别区分文化产业、文化创意产业等术语。

6.1 多层次资本市场支持文创企业发展的国内外经验

6.1.1 多元化融资方式支持文化创意产业发展的美国实践

2015 年 12 月,联合国教科文组织(UNESCO)、国际作家与作曲家联合会(CISAC)和安永会计师事务所(EY)共同发布的报告《文化时代:第一张文创产业世界地图》显示:2013 年,全球文创产业创造产值超过 2.25 万亿美元,从业人数超过 2 900 万,约占世界总人口的 1%;其中,北美地区文创产业产值超过 6 200 亿美元,约占全球文创产值的 28%,从业人数超过 470 万人,约占全球文创产业从业人数的 16%。[①] 因此,无论是体量还是国际竞争力,美国的文创产业均位居全球首位。

在美国的整个文创产业中,版权产业飞速发展,目前已经成为美国的关

---

① UNESCO, CISAC & EY. Cultural times: The first global map of cultural and creative industries [EB/OL]. (2015-12-03) [2021-03-01]. http://www. unesco. org/new/fileadmin/MULTIMEDIA/HQ/ERI/pdf/EY-Cultural-Times2015_Low-res. pdf.

键产业部门之一。版权产业即知识产权的生产和分销产业。美国国际知识产权联盟将版权产业细分为四个大类,分别是核心版权产业、部分版权产业、发行产业和版权关联产业。美国的出版业、音乐、广播与影视及各类设计等文化产业都居于世界领先地位,并且产业增长率逐年递增。由于独特的思维模式和文化特色,美国更加注重自由竞争市场在文化创意产业发展中的重要作用,坚持"市场为主,政府为辅"的理念,注重发展多元化的融资渠道和方式,提供完善的投融资环境。

6.1.1.1　政府设立具有特色的产业投资基金

产业投资基金,又称私募股权基金(private equity fund,PE),也可被称为有组织的私人股本市场(organized private equity market),是一种利益共享、风险共担的集合投资制度。美国大部分知名电影公司的资金来自美国的产业投资基金,据美林证券统计,投资基金在好莱坞电影的资金来源中占比达 30% 以上。美国产业投资基金的资金池来源如下:养老基金占 40%,捐助资金和基础基金占 20%。产业投资基金运营成本低,能改善被投资企业结构、实现资本增值,此外,还具有监督职能。研究表明,在融资的过程中,企业管理层会发生变化,产业投资基金在这个过程中则发挥了主导作用。同时,产业投资家在评估创业企业时,非常重视市场规模、公司战略、技术、管理团队及投资条款等项目,而最为关键的因素是企业家的素质和能力。

在美国,产业投资基金的退出机制有多种方式。以 1991—2004 年为例,产业投资基金选择 IPO、收购、回购、二级市场出售或是清算,与年份、产业投资基金的类型、创业企业的特点、交易的特点有关联;选择部分退出还是完全退出,信息不对称是其决定性因素。研究表明,同等条件下,IPO 是实现利润最大化的退出方式,而当产业投资基金和企业家发生利益分歧时,可转债则成为更加合适的选择。

以纽约为例,通过政府和企业的联合推动,纽约设立了大量的产业投资基金,如纽约艺术基金会、艺术家团体联邦信贷联盟、美国演员基金等。纽约艺术基金会对艺术产业的支持力度非常大,据统计,其每年提供约 1 100 万美元的补助资金,面向纽约 170 多个艺术个体和团体。

6.1.1.2　市场化的风险投资是美国文化创意产业投资的重要方式

美国的市场经济高度发达,市场化运作的风险投资基金成为支持美国文化产业快速发展的主要模式。在影视业,特别是电视内容制作方面,投资者参与制作,同时可以获得二级和三级销售权,共享节目收益。而美国的电影市场发展更加有特色,从1995年开始,电影制作可以分解为不同的电影投资组合,供不同的投资者选择,达到了有效降低风险、获得均衡收益的目标。直到21世纪,美国设立电影投资私募基金,融资方式包括股权融资、夹层融资、发行AAA级债券等。绝大部分美国的风险投资以有限合伙制作为组织形式。美国政府于1985年颁布了《中小企业投资法》,并且建立了中小企业投资公司制度,允许中小企业投资公司享受政府优惠政策,对具有发展潜力的中小企业提供证券投资等服务,鼓励其投资高科技产业及文化创意产业。

美国作为资本国际化的典型,巨大的市场利润吸引大量国际资本,并且美国的贸易保护政策只允许外国资本直接投资。例如,澳大利亚投资人只能在收购福克斯影业后,成立福克斯电视台。

6.1.1.3　资产证券化是文化产业融资发展的重要金融工具

美国在进行金融创新的过程中,发明了"资产证券化"(asset-backed security,ABS)这一金融工具,并且已经从不动产领域拓展至文化创意领域。文化产业有别于资本支出,其商业模式多为创意发展的无形资产投资。蓬勃发展的资产证券化为美国电影行业的发展提供了强大的金融支持。2002年,美国摩根大通银行(J. P. Morgan Chase)和福利特宝顿金融公司(Fleet Boston Financial)作为策划方,债券保险公司Ambac作为担保方,梦工厂将旗下37部电影打包,作为资产证券化的资产池,共发行证券10亿美元,同时被标准普尔(Standard & Poor's)给予交易AAA级资信评级。另外一个案例是美国著名的服装品牌Candie's和Bongo,在UCC融资公司的策划设计之下进行了2 000万美元的证券化交易。

通过以上案例可得出,ABS使得文化产业版权所有者和投资者获得双赢。首先,利用证券形态,文化产业更能迎合不同投资者的需求,证券的期限和回报率不同,流动性、收益性和风险性也不一样。其次,通过资产证券化的规范交易,降低了文化企业的项目融资成本。最后,美国设立了特殊目的机构(special purpose vehicle,SPV)进行风险控制,结合资产证券化的模式,投资者面临的风险仅限定在所投资的特定文化项目上,而与文化企业的经营风险无关。

总的来说,美国证券市场拥有丰富的层次,上市的标准多种多样,且上市周期较短,同时拥有完善的市场监管体系,因此,美国文化企业最重要的融资方式就是上市融资。2019年,美股上市文化公司达117家,市值超过100亿美元的企业占65%。美国完善的版权保护政策有利于文化产业直接融资的发展,通过产业投资基金、市场化的风险投资和资产证券化,将文化版权与投融资结合,作为无形资产进行评估。这对宁波文化产业的融资发展具有参考意义。因此,进一步加强知识产权保护,是促进文化消费和推动文化产业高质量发展的必然要求。

6.1.2　日韩文化与金融跨界融合发展实践

日本文化产业极其发达,在世界上居于领先地位,特别是动漫产业,作为全球最大的动漫生产国和输出国之一,动漫行业产量占全球相关产业的62%。日本在游戏领域的市场占有率达到全球的1/3,尤其是硬件的相关产业,日本生产的游戏硬件占全世界90%以上。而在游戏软件开发领域,日本承担了全球50%以上的开发量。韩国文化产业的成功与政府将文化作为经济发展的战略性支撑产业密不可分。1998年,韩国提出"文化立国"的战略口号,推动了韩国文化产业的迅猛发展。韩国政府支持文化产业发展的举措还有:发布《国民政府的新文化政策》等一系列条文,成立韩国文化产业振兴院,建立文化产业基金,推出相关政策和工作机制,构建完善的资金支撑体系,促进文化产业的出口和发展,等等。韩国文化产业的代表是影视产品和音乐,特别是"韩流"文化,在世界传播广泛。

日韩文化产业发展迅猛,总结日韩文化产业与金融跨界融合发展实践,有如下经验。

6.1.2.1　日韩政府为推动文化产业融资发展发挥着重要作用

日本的文化产业融资的最大特点是采取行政指导式的市场化模式,即政府通过协商的形式对企业进行指导,引导建立文化产业投资基金。例如,日本为了鼓励文化艺术创作,于1999年出资成立文化艺术振兴基金,同时吸引民间资本投入,为个人艺术家和艺术团体发展文化事业提供资金支持。该产业基金的2/3由政府出资,剩余1/3则由民间融资。

在东京,大部分文化产业为兼具效率和灵活性的中小型文化创意企业,结合其生产特点,东京政府对文创企业的各环节都提供直接资金支持,包括产品研发阶段、员工培训阶段、市场开发阶段、知识产权保护等。同时,东京推动建立中小企业融资债券市场,创新多种形式的融资制度。

韩国非常重视和支持文化产业融资体系的发展,以政府主导为主,因此,政府直接投资成为韩国文化创意企业主要的融资模式。韩国政府尤其重视对网络游戏产业的扶持,韩国司法委员会通过提案来推动游戏产业的发展。另外,韩国政府为了在全球建立韩国文化创意产业体系,针对文化产业设立多种基金,其中包括出口专项基金。

6.1.2.2　日韩为文化产业融资发展构筑良好的政策环境

日本政府制定文化产业融资政策,鼓励与引导建立文化产业基金,通过与公募基金相类似的形式来吸引民间资本投融资。此外,知识产权证券化是日本政府积极推进的一项政策,也是日本文化产业融资的一大特色,为拥有商标权、专利权和著作权等知识产业的文化创意产业提供融资。日本政府借鉴美国《中小企业投资法》,出台《中小企业投资育成公司法》,在各大城市建立了中小企业投资育成公司。这一举措帮助有国际竞争力的中小企业获得股份投资,帮扶企业到证券市场融资。

为促进文化产业融合发展,韩国政府设立文化产业支援中心,直接投资当地文化创意产业。此外,韩国政府重点关注风险投资对文化产业的正面作用,为了调动风险投资的积极性,政府允许风险投资公司上市,甚至包含电影行业,但同时对资本的质量提出了非常具体的要求。

6.1.2.3　多元化、市场化的投资体系撬动文化产业融资发展

作为市场主导的国家,日本政府很少直接干预企业融资,主要通过市场推动文化产业融合发展。企业联盟在日本的文化产业投融资市场发挥重要作用,例如,日本动漫产业获得巨大成功,主要归功于由动漫业投资者共同建立的联盟体系。

韩国文化产业资金支撑体系可分为政府产业预算、专项基金、投资组合。韩国政府以市场化运作方式,推进文化创意产业的快速发展。在韩国,电影及相关产业属于风险投资产业,因此韩国政府建立了电影振兴公社。同时,韩国政府以公共基金为启动资金,以政府为主导,采用政府与民间资本合作的方式,成立产业投资基金,主要目标是扶持初创型文化企业。

6.1.3　上海文化与金融合作发展

上海作为国内文化创意产业领跑的地区之一,是我国创意产业的首发地。从田子坊等创意产业集聚区到张江高科技园等新型产业园,上海市文化创意产业飞速发展。2004 年 4 月,成立上海创意产业中心,专门从事文化创意产业的促进与推动工作;同年 12 月,上海举办了首届上海国际创业产业论坛,标志着上海开始着力发展文化产业。

在推动文化产业发展中,上海始终强调文化与金融合作,特别是支持文化参与直接融资,结合国际经验与上海实际,切实落实发展举措,取得明显进展。其主要经验总结如下。

6.1.3.1　上海文化产业融资的发展力度不断增大

为了促进上海文化创意产业快速发展,上海市文化发展基金会设立文化科技创意发展专项基金,先后投入 6 000 万元人民币,并且设立 1 亿元专项资金为"文化项目扶持贷款"提供贴息支持。为了专门负责对接上海文化发展基金会相关业务,上海银行于 2013 年成立文化特色支行,目前为止,授信金额 9 130 万元,累计发放贷款 12 030 万元,获批 8 个文艺创作项目。

6.1.3.2　针对上海文化产业融资的发展政策不断优化

为了帮助文化创意产业开发投融资新渠道,创设产业资本退出通道,上海市文化和旅游局作为上海文化产业主管部门,积极与上海文化产权交易所讨论协商,为各类文化产权交易搭建专业化市场平台。自 2006 年上海发布《上海文化产业投资项目指导手册》,推出各项优惠政策后,国内外投资者竞相到上海投资文化产业,形成多元化的投融资渠道。

2010 年,上海市松江区政府设立"上海市松江区文化创意产业发展专项资金",下拨 5 000 万元用于项目扶持奖励,并于 2012 年修订了对专项资金的管理办法和实施细则,从资助方式到监督管理,对一系列程序作出细化完善,保证最大限度地发挥资金的作用。

6.1.3.3　上海文化产业融资的发展模式不断创新

积极引导文化企业通过股权投资基金入股等方式进行直接融资,帮助文化企业上市融资是上海市文化和旅游局助推上海文化创意产业发展的一大措施。上海市政府积极引导社会资本进入文化创意产业,民间融资的规模不断增加。

产业投资基金作为文化创意产业融资的重要途径,也是上海市政府着力推进的重点方向。政府牵头,为企业提供担保,通过文化产业投资基金吸引社会投资方。2010年,为促进文化和传媒行业的发展,上海创设了专门的投融资私募基金,针对文化产业重大战略项目提供融资。这些基金有不同的投资重点和方向,为上海文化创意产业融资发展作出了巨大贡献。以上海市松江区为例,2014年,松江区政府向产业投资基金投入1亿元,帮助小微文化融资。

总体来看,上海文化产业已经有较大规模的发展,产业地位显著提高。上海文化产业基金的发展以及资本市场层次的丰富,吸引了海内外投资者,增加了文化产业融资的资金来源。然而,随着2019年国家对文化娱乐行业的监管政策更加规范,以往常见的盲目跨界并购现象逐渐减少,投融资市场回归理性,逐步"去泡沫化"。根据新元新经济智库发布的《上海文化产业投融资态势分析》,自2017年至2019年6月,社会资本渠道对上海文化创意产业的融资规模不断上升,投资达1 009.28亿元。不同的融资渠道中,最为活跃的是众筹渠道和私募股权融资,发生的融资事件分别为334起、310起,占社会资本事件总数的45.20%、41.95%。而2019年,上海市社会融资事件发生114起,同比下降24.5%。[①]

6.2　多层次资本市场服务文创企业的宁波实践

6.2.1　宁波文化创意企业直接融资的现实基础

第一,城市综合实力日益提升,文化创意产业市场需求旺盛。首先,宁波在国家经济战略中占据重要地位,作为最早沿海开放城市、计划单列市、副省级城市、长三角南翼经济中心和国家历史文化名城,其经济发展在全国范围内具有明显的区位优势。其次,高速发展的经济为文化创意产业发展奠定基础。2020年,宁波地区生产总值12 408.7亿元,同比增长3.3%,其中,第三产业实现增加值6 376.4亿元,增长3.6%,对GDP增长的贡献率占53.8%。再次,居民收入与经济同步增长,激发居民对文化消费的潜力。

---

① 《2019年上海文化产业发展报告》发布[EB/OL]. (2020-04-23) [2021-03-01]. https://baijiahao. baidu. com/s? id=1664732651472807359&wfr=spider&for=pc.

2020年,全年全市居民人均可支配收入59 952元,同比名义增长5.2%,其中,城镇居民人均可支配收入68 008元(名义增长4.8%),农村居民人均可支配收入39 132元(名义增长6.8%)。最后,创建国家文化与金融合作示范区的改革试点任务为宁波文创企业直接融资提供契机。宁波政府高度重视文化与金融合作发展,利用这一契机,针对文旅企业融资难、融资贵等问题,不断创新和推出促进文化与金融合作的新思路和新举措,进一步完善文化金融服务体系,营造良好的文创企业融资大环境。

第二,宁波文化创意产业发展迅速,频现亮点。2020年前三季度,全市规上文化产业增加值(浙江省口径)累计实现257.97亿元,同比增长7.8%。根据宁波文化产业网统计,全市共有文化产业园区65个,重点企业125家(其中2020年新增10家浙江省重点文化企业),涉及高端文化用品制造业、创意设计业、工艺美术业、现代传媒业、信息传输服务业、影视制作业、文化休闲旅游业和会展业等8个细分行业。截至2020年,全市主板上市文化企业共计9个,浙江省成长型文化企业10个,浙江省重点文化产业园区8个,浙江省文化创意街区9个。

第三,文化与金融深入融合,激发产业活力。宁波政府积极探索和创新文化与金融服务组织,缓解文创企业融资难题,截至2020年末,宁波文旅产业贷款余额1 037.4亿元,比年初新增104亿元,余额同比增长11.2%;文旅企业贷款加权平均利率4.33%,低于全部企业贷款利率0.33百分点。通过成立农行系统内首家文创支行,加大银行对宁波文创企业授信额度;成立宁波文创小额贷款股份有限公司,通过差异化金融服务模式,为文创企业融资增信提供支持;鼓励银行出台差异化、个性化文创金融服务产品,推行版权抵押和应收账款质押等无形资产贷款模式;宁波股权交易中心通过扶持文创企业上市、开展培训、融资等服务,为文创企业做大做强打下扎实基础;积极搭建文创企业融资平台,在宁波普惠金融信用信息服务平台开辟文旅企业"我要贷"线上融资专窗,提高文创企业与银行之间的信息对接效率。

第四,积极营造良好的产业发展氛围,吸引资本投向宁波本土文创企业。在"2020海丝之路(中国·宁波)文化和旅游博览会"上,文旅综合体、数字产业和影视产业的文旅项目与投资方积极洽谈,共有17家企业签约成功,达成意向资金180亿元。宁波逐渐成为影视剧拍摄的"网红"地,2020全年在宁波拍摄的影视作品剧组有250多个,其中在象山影视城落地拍摄剧组占比 74.8%,同比增长 37%。

6.2.2　宁波文化创意企业直接融资的效益分析

本章以宁波上市的文化创意企业作为研究对象,选取经营范围涉及文化创意内容的 6 家企业,其中主板 1 家、中小板 1 家、创业板 2 家、新三板 2 家,具体名录以及上市日期见表 6-1。

表 6-1　6 家宁波上市文化创意企业名录

序号	证券代码	证券名称	首发上市日期	上市板块
1	300329.SZ	海伦钢琴	2012-06-19	创业板
2	300703.SZ	创源股份	2017-09-19	创业板
3	834424.OC	美乐雅	2015-11-27	新三板
4	831128.OC	大汉印邦	2014-09-10	新三板
5	002103.SZ	广博股份	2007-01-10	中小板
6	603081.SH	大丰实业	2017-04-20	主板

6.2.2.1　上市前后偿债能力分析

本节选取流动比率、速动比率和资产负债率作为衡量企业上市前后偿债能力指标(见表 6-2)。由图 6-1 可见,上市后的 6 家宁波文创企业流动比率和速动比率均值高于上市之前,也就是说上市后的宁波文创企业短期偿债能力显著优于上市之前。宁波文创企业资产负债率均值从上市前两年的 74.77%、67.32%,下降为上市后两年的 25.12% 和 27.58%,说明上市之后的宁波文创企业资本结构得以改善,负债得以减少,长期偿债能力得到提升。

表 6-2　企业偿债能力指标解释

偿债能力	指标	指标解释
短期偿债能力	流动比率	企业流动资产与流动负债的比值,数值越高,表明企业资产短期变现能力越强。一般来讲,数值为 2 的时候,企业有较高的偿债能力和合理的流动资产结构
	速动比率	速动资产与流动负债的比值,数值越高,表明企业偿债能力越强。一般来讲,数值为 1 的时候,企业有较高的偿债能力和合理的流动资产结构

（续表）

偿债能力	指标	指标解释
长期偿债能力	资产负债率	资产负债率是企业负债总额与资产总额的比率。数值超过1,说明企业资不抵债,濒临倒闭;数值越小则企业长期偿债能力越强

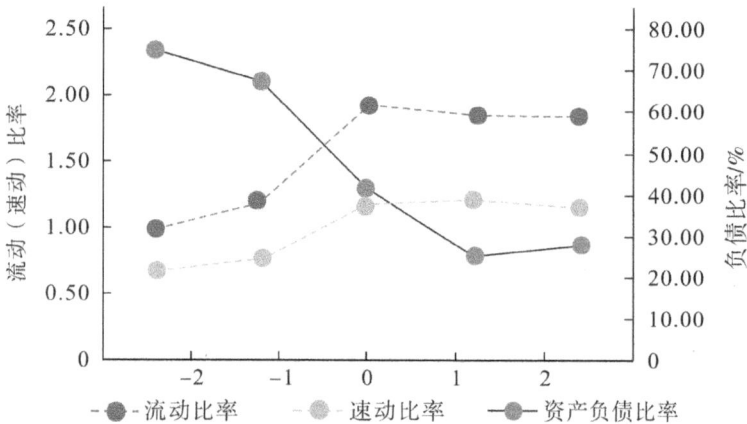

注:上市当年横轴数值为0,上市后两年横轴分别用1、2来表示,
上市前两年分别用−1、−2表示。

图 6-1　宁波 6 家上市文化创意企业上市前后偿债能力指标分析

6.2.2.2　盈利能力分析

　　本部分采用每股收益、每股净资产和销售净利润来分析宁波文创企业上市前后的盈利能力。每股收益代表普通股的获利水平以及股东所能享受的净利润;每股净资产代表每股账面价值,数值越高,代表普通股股东所持有的股票每股资产价值就越高;销售净利润反映的是企业净利润占营业收入净额的数值,数值越高,说明企业盈利能力越强。由图 6-2 可见,宁波 6 家文创企业上市后的每股收益均值及销售净利润均值出现了不同程度的下降,而上市后的每股净资产均值高于上市前,其中上市当年达到最高。

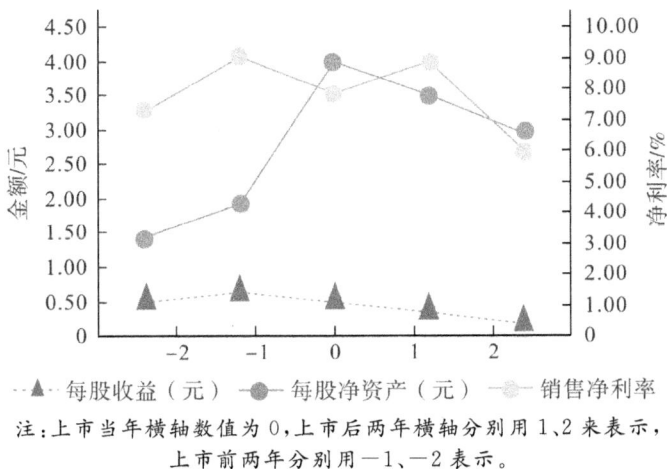

···▲··· 每股收益（元）　—●— 每股净资产（元）　—●— 销售净利率

注：上市当年横轴数值为 0，上市后两年横轴分别用 1、2 来表示，
上市前两年分别用−1、−2 表示。

图 6-2　宁波 6 家上市文化创意企业上市前后盈利能力指标分析

6.2.2.3　营运能力分析

本部分选取应收账款周转天数、营业周期和存货周转率来衡量宁波文创企业的营运能力。应收账款周转天数越小，代表企业周转速度和应收账款管理效率越高；营业周期代表企业应收账款和存货管理较好，资金周转速度也较快；企业存货周转的次数、存货的变现速度数值越小，表明存货周转速度较快。由图 6-3 可见，宁波文创企业在上市两年后的营运能力并未得到明显提升。

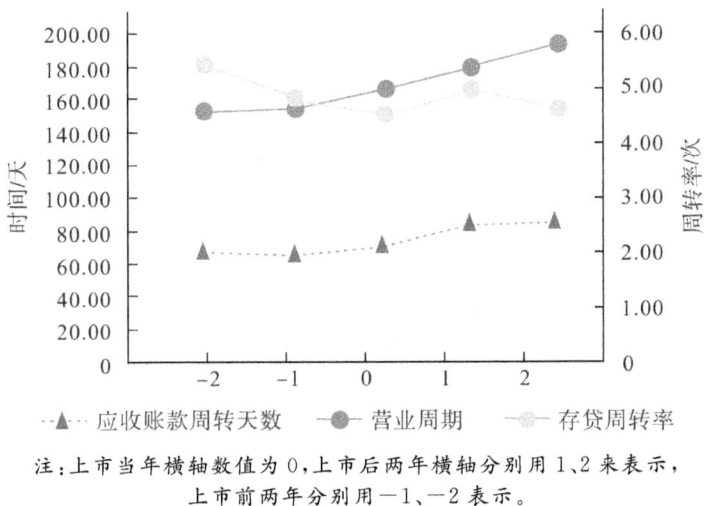

···▲··· 应收账款周转天数　—●— 营业周期　—●— 存货周转率

注：上市当年横轴数值为 0，上市后两年横轴分别用 1、2 来表示，
上市前两年分别用−1、−2 表示。

图 6-3　宁波 6 家上市文化创意企业上市前后营运能力指标分析

6.2.3 宁波股权交易中心对文化创意企业融资作用的案例分析

6.2.3.1 宁波股权交易中心业务简介

2016 年 7 月 29 日,经宁波人民政府批准,宁波市唯一的区域性股权市场运营机构宁波股权交易中心(以下简称甬股交)正式成立。作为宁波本地中小微企业的综合平台,甬股交在多层次资本市场作为宁波区域内中小微企业的私募股权市场的主体(见图 6-4)。宁波市人民政府金融工作办公室是其主要监管部门。

甬股交通过构建"三大基础板块+六大特色板块"来构建投融资服务平台,打造综合金融服务平台和企业创业服务的生态圈,其投融资对接形式内容多样化,满足不同投资机构要求(见图 6-5)。根据挂牌企业发展规模和经营绩效,"三大基础板块"从高到低包括优选板、成长板和创新板块。"六大特色板块"包括"3315"板、青年创新创业板、文化创意版、科技创新板、"2025"智造板、现代服务业板(见表 6-3),甬股交挂牌的企业均可得到财政挂牌补贴和融资补贴。

图 6-4 宁波多层次资本市场

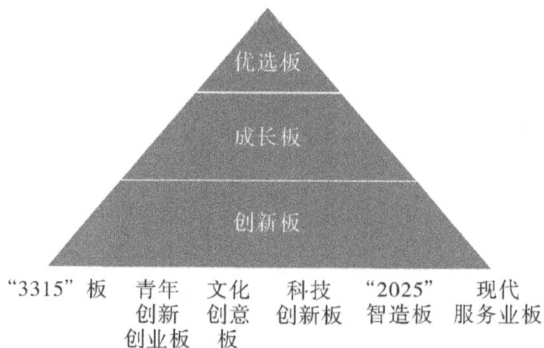

图 6-5 甬股交"三大基础板块+六大特色板块"

表 6-3　甬股交"六大特色板块"内容

六大特色板块	板块服务内容
"3315"板	围绕宁波最新人才政策,为"3315 计划"创业个人、团队、企业提供优质项目展示、融资平台,由宁波市委组织部(市委人才办)联合甬股交专门为宁波"3315 计划"人才所创办的企业提供挂牌展示、培育孵化、投融对接、资源整合等服务的综合金融平台
青年创新创业板	共青团宁波市委与甬股交联合创办,是青年创新创业企业的展示、项目融资服务平台,旨在服务宁波市内青年创新创业企业和项目
文化创意板	由宁波市委宣传部、宁波市文化广电旅游局联合甬股交打造的集聚文化创意类优质企业的展示交流平台。服务措施包括挂牌展示、投融资对接、孵化培育、拟上市服务、登记托管等
科技创新板	由宁波市金融办、宁波市科技局和甬股交联合打造,是宁波科技创新企业的展示合作平台、行业交流综合服务平台,旨在服务宁波科创企业的融资和培育孵化
"2025"智造板	对高端制造、智能制造企业及项目进行集中展示宣传与资源对接,充分发挥在宁波"中国制造 2025"示范城市建设中的金融支持功能
现代服务业板	由宁波市服务业发展局与甬股交联合打造,旨在建设现代服务业展示交流、行业合作平台

　　此外,甬股交创新性地打造了融资与融智相结合的投融资服务平台,覆盖企业全生命周期的孵化服务体系。融资服务方面,甬股交推出"七大特色投融资平台":私募汇、挂牌贷、金保贷、担保贷、小贷通、融租易、其他(私募可转债)。具体内容如表 6-4 所示。

表 6-4　宁波股权交易中心"七大特色投融资平台"服务内容

特色投融资服务平台	项目服务内容
私募汇	甬股交通过与深交所合作成立宁波科创企业路演中心,为中小微挂牌企业打造私募融资对接平台,提高企业融资成功率
挂牌贷	甬股交联合中国银行、鄞州银行、中国交通银行等银行,针对挂牌企业的实际融资需求,为挂牌企业量身定制融资服务方案,发放生产经营性流动资金贷款

（续表）

特色投融资服务平台	项目服务内容
金保贷	甬股交联合宁波市人保财险、宁波市人寿财险等保险公司,针对有一定流动资金缺口的中小挂牌企业,提供经营性流动资金和设备采购资金的融资担保服务
担保贷	由宁波各县(市、区)国有担保公司与甬股交联合推出,针对有一定流动资金缺口的中小挂牌企业的流动资金贷款和票据承兑等融资业务提供担保;同时,宁波再担保有限公司为担保公司提供一定比例的再担保
小贷通	由韵升小贷、佳和小贷等小额贷款公司与甬股交联合推出,针对有一定流动资金缺口的中小挂牌企业,发放生产经营性流动资金贷款
融租易	由永赢租赁、东海租赁等融资租赁公司与甬股所联合推出,针对有一定流动资金缺口的生产型中小挂牌企业,提供生产经营性流动资金和设备采购资金的融资租赁服务
其他(私募可转债)	针对股份公司发行可转换成该公司股份的债券

甬股交自成立以来,挂牌企业数量、培育孵化企业都有了量的积累和质的飞跃。截至 2020 年 6 月 30 日,甬股交累计挂牌企业达 2 376 家。其中,55.7%为高新技术企业和科技型企业,200 余家企业进行了私募股权融资,95 家企业进入 IPO 上市辅导期和申报阶段,26 家企业成功挂牌新三板。截至 2021 年 7 月,甬股交先后帮助 300 多家企业获得各类融资超 130 亿元。2018 年,为扶持文化产业发展,解决文化创意企业融资难题,甬股交开设全国首个"文化创意板"。截至 2020 年 6 月 30 日,文创板共有挂牌企业 195家,累计挂牌企业 203 家,其中,现有挂牌企业中有 2 家文化企业在优选板,7家文化企业在成长板,186 家企业在创新板。文创板挂牌企业中,共有 18 家文创企业获得融资,融资总额为 20 106.67 万元。其中,私募汇 4 家,融资总额 11 116.67 万元;挂牌贷 8 家,融资总额 7 598 万元;金保贷 1 家,融资总额 200 万元;担保贷 3 家,融资总额 1 130 万元;小贷通 2 家,融资总额 62 万元。

6.2.3.2 甬股交扶持文化创意企业案例

I 公司是一家主打银文化传承的"银＋文旅"文化创意企业,具体业务包括建立以银文化为主题的旅游文化艺术馆,展示以银文化为主题的工艺品、礼品和旅游用品等。I 公司在成长过程中与甬股交结下了不解之缘。

在甬股交挂牌初期,由于需要筹集资金用于业务拓展。结合前期尽职调查内容以及 I 公司的行业特征、发展规模和经营状况,甬股交将 I 公司推荐给合作银行。鉴于优质的经营效益和良好的资信,I 公司顺利在该银行获得 500 万元授信。甬股交的"牵线搭桥"成功帮助 I 公司获得项目资金支持。

除了在融资渠道上帮 I 公司获得资金,甬股交还对 I 公司开展多方位的培训和辅导,包括财务管理培训、税收培训、路演培训等服务,提高了 I 公司的管理水平。I 公司还通过甬股交的路演中心来提升市场影响力,实时对接投资机构和投资人。目前,I 公司已成功获得某文旅投资集团的青睐,达成融资意向。在 I 公司与某文旅投资集团撮合过程中,甬股交发挥着关键性的作用,其提供的关于财务、税收等方面的辅导,帮助 I 公司完善风险内控体系,增强了 I 公司的"软实力"。

借助甬股交平台,I 公司不断发展壮大。除在宁波本地先后开设多家银博物馆和服务馆,I 公司还积极拓展业务,走出宁波,不断扩大企业规模,使银文创产品遍地开花,将银文化与具有当地特色的文化相融合,弘扬和传承银文化,其打造的"白银+"文创产品亦赢得"物有所值"的市场口碑。

6.2.3.3　甬股交扶持文化创意企业经验总结

第一,走进企业一线,提供"滴灌"式服务。甬股交通过走访企业获得第一手资料,及时了解企业融资、培训、拟上市等现实问题,帮助企业排忧解难,实现实地精准辅导,并提供定制化服务。同时,通过举办各类创业大赛和活动来发掘宁波具有投资价值、成长潜力的企业和项目,激发中小微企业的创新潜能和积极性,帮助参赛企业获得各类资本的青睐,迅速提升宁波中小微企业的市场影响力。此外,甬股交创新提供"3+6+7+N"模式(三大基础板块、六大特色板块、七大融资服务特色平台以及其他资本对接服务),根据挂牌企业的生命周期和行业特征的不同,为企业定制多元化特色服务,包括创业辅导、财务管理培训、信息披露、上市辅导等,提升挂牌企业的管理能力和资本市场运作能力,最终实现"融资+融智"的目的。

第二,打造融资平台,提高企业与资本对接效率。甬股交通过建立六大特色板块,主动适应投资行业精细化的趋势,帮助投资者和投资机构接触丰富多元的资产类别和投资项目。同时,在向投资机构、银行等金融机构推荐潜在客户和企业时做足尽职调查,根据企业营业收入、负债等财务状况以及融资资金用途等具体情况设计合理、合适的融资方式和融资产品,并将其推介给适合的金融机构,减少金融机构前期挖掘潜在优质客户的成本。同时,甬股交通过融资产品创新帮助企业实现资本对接,使中小微文旅企业能获得多样化融资渠道。此外,具有甬股交背书的挂牌文旅企业,较之其他同类型中小微文旅企业,不但拥有更高的市场信誉度和知名度,还能获得更低的融资成本。例如,由甬股交引荐的挂牌企业在商业银行的贷款利率仅略高于银行基准利率。

第三,当好"红娘"角色,服务市场主体。甬股交作为资本市场的"新四板",为宁波当地企业提供股权、债券转让和融资服务的平台,源源不断地为新三板、创业板、中小板以及主板资本市场培育和输送优质上市后备资源。为提升挂牌企业质量和市场竞争力,甬股交通过为挂牌企业搭建培训平台,提供财务、法律、创业等方面的知识辅导,提升企业管理者的经营能力和商业知识水平。同时,甬股交注重保护企业核心机密。例如,相关企业"转板"的过程中,甬股交虽然会邀请专家对拟上市挂牌企业开展一对一的辅导,但是甬股交在辅导过程中并不过多参与双方的谈判与沟通。除此之外,甬股交在运作过程中主要起"搭桥修路"的中介作用,企业与投资方的互动依然遵循市场机制,让市场机制自主发挥效用。甬股交不过分介入市场运作,也不设立严格的准入门槛,旨在构建一个合作共赢的交易场所。

6.3　宁波文创企业直接融资面临的制约

6.3.1　文创企业孵化水平不足,直接融资能力有待提高

第一,文创企业轻资产属性加大融资难度。现阶段,宁波文创企业融资模式以间接融资为主、直接融资为辅。间接融资方面,由于文创类企业的轻资产属性以及缺少必要的抵押品、担保品等,以抵押、担保为主的银行贷款等间接融资方式较难满足文创企业融资需求。直接融资方面,由于文创类挂牌企业规模小、财务制度不健全等,在资本市场上难以通过上市、股权融资等直接融资的方式获得资金。

第二,文创企业经营基础薄弱加剧融资风险。文创企业经营者普遍缺乏财务管理和金融类知识,缺乏专营机构专业指导,导致文创类挂牌企业在资本市场融资时与资金端难以对接。

第三,文化产业结构布局有待优化。现阶段,宁波文化创意产业规上企

业以贝发、得力等文化制造业为主体,缺少影视制作、纯 IP 类的上市文创企业。

6.3.2 文化创意产业集聚性待提高,制约产业投融资活力

相较于北京、上海等文化创意产业基础雄厚的一线城市,宁波文化产业起步较晚,文创人才引进、核心知识产品打造以及文创政策支持等方面均有所不足,文创氛围尚未形成。这就造成文化类企业集聚效应不强,纯 IP 类文创企业较少,文创行业投资环境尚不完善。一些文创企业虽然注册地在宁波,但是经营者常年在北京、上海驻点。究其原因,主要是北京、上海两地的文创环境优于宁波,更有利于其开展文创活动,形成文创圈。同时,由于文创类企业规模相对较小,在融资方面获得的政策支持有限,导致金融机构参与的积极性不高。

6.3.3 政策实施效果有待增强,政策扶持手段亟待丰富

第一,政策扶持手段较为单一。当前,政策对文创企业融资主要以财政补贴为主。例如,为培育和发展区域性股权交易市场,宁波先后出台财政奖补政策,包括挂牌补贴和融资补贴,这在一定程度上增加了中小微企业进入区域资本市场的积极性,也降低了挂牌企业融资的成本。但是,仅仅依靠补贴并不能完全满足挂牌企业的需求,尤其是文创类企业,由于缺乏抵押物,融资成本往往高于其他类型的企业。同时,由于缺乏配套优惠政策,在涉及股权转让、股息红利等税收问题时难免会增加挂牌企业和投资者的成本。

第二,政策实施效果不明显。宁波政府相继出台了关于扶持文化产业加速发展、深化文化金融合作的政策性文件,各县(市、区)也相继出台扶持文化创意产业的政策补贴和奖励。但是,在政策实施中效果并不显著。究其原因,一方面,企业对文创类的扶持政策缺乏了解;另一方面,文创类企业的经营活动,前期投入较大(如影视类项目),单纯依靠政府补贴难以填补前期资金缺口,而奖励类的政策支持需要项目成功落地并获得成绩之后才能享受,并不能"雪中送炭"。

6.4 宁波文创企业直接融资的对策建议

6.4.1 提升文创企业市场竞争力,增强企业融资能力

第一,提升企业硬实力和软实力,增强文创企业市场竞争力。文创企业要想在资本市场具有一定竞争力,获得资本投资者和投资机构的青睐,必须增强自身实力。硬实力方面,文创企业需要注重产品内容创新,迎合市场需求。鉴于文创企业的消费群体不断细化,长尾现象日益凸显,文创企业的产品创新需要迎合特定市场客户需求,培育自己的专属消费群体,提高消费者的忠诚度和市场口碑。文创企业创新能力的提升还能帮助其获得更多的无形资产。例如,企业可以利用自有的版权、专利等无形资产,通过产权质押的形式来获得融资。软实力方面,文创企业需要完善企业内部管理制度,尤其要完善财务管理制度,有效降低企业财务管理成本,提高企业资源利用效率。文创企业经营者在注重产品创新的同时,还需要通过聘请专业人士、参加管理类培训等途径来提升运营能力。

第二,提高企业信用等级,提升文创企业融资能力。文创企业要想通过外部融资的渠道获得资金,就必须注重提升企业信用等级。例如,文创企业要想从银行获得信贷类资金,必然需要具备较高的企业经营能力、偿债能力、盈利能力和发展能力。除此之外,文创企业还需要与企业利益相关者保持良好的关系,注重诚信,提升行业口碑。例如,及时偿还应付账款,积极承担企业社会责任,等等。

第三,创新投融资渠道,健全多层次、多渠道的融资体系。现阶段,资本市场已经建立起了多层次、多渠道的投融资生态体系,但是适合文创企业的投融资渠道依然有限。正如前文所述,这是由文化产业的行业特征决定的,因此,积极开拓符合文化产业行业特征的投融资渠道迫在眉睫。例如,借助区块链等金融科技手段解决文化产品确权难、定价难和交易难的问题,建立标准化文化产品评估和交易流程,提升文创知识产品质押融资的力度和广度。

6.4.2　增强文化创意产业集聚性,营造良好的市场氛围

第一,优化文创企业产业集聚的顶层设计。进一步强化宁波创建文化与金融合作示范区工作领导小组及其工作机制,由宁波市文化广电旅游局牵头,协同其他文化创意产业相关政府部门,进一步厘清领导小组职能定位,切实把文化创意产业各项工作统起来、落下去。健全办事机构,成立领导小组并配备专职工作人员,完善信息互通渠道,加强部门之间协作,定期通报文化创意产业招商引资、产业发展等情况,研究政策措施,协调解决文创企业融资难的问题。

第二,明确文化创意产业园区的功能和定位,实现差异化发展。合理定位宁波文化创意产业园区的主题和特色,有助于整合产业链上下游的资源,提高园区经济效益。此外,园区管理需要加强和重视软环境建设。通过设立园区绩效评价体系,制定高标准的文化创意产业园区监督机制。依托大数据、区块链、人工智能等技术,提高园区公共服务水平,创建智慧园区,打通园区与企业之间的信息链,增进园区直接的交流与合作,为园区企业融资创新和产业链升级做好准备。

第三,加大宣传力度。一方面,加大对宁波创建文化与金融合作示范区的推广和宣传力度,充分发挥示范区的辐射作用。通过线上线下相结合的方式,加大对示范区建设的推广和宣传力度。另一方面,从政策上加大宣传力度,通过创建示范项目、设立重点扶持项目等方式,形成一批具有地方特色的知名文创品牌和龙头企业,借助互联网技术承办各类文化活动,形成品牌效应,吸引文化创意产业人才、资本和项目落地宁波,推动产业集聚。

6.4.3　丰富文创企业政策扶持手段,提升产业创新活力

第一,出台多种类、多层次的文创企业扶持政策,促进文创企业与实体经济发展相融合。立足"文化宁波2020"建设计划,重点扶持影视业、音乐和演艺业、出版传媒业、创意设计业,完善文化产业支撑平台,加大扶持力度,帮助文创企业高质量发展,营造良好的文化产业营商环境,培育文化产业发展新动能。除了财政补贴和奖励外,还可以积极探索多层次的扶持政策,丰富政策手段。例如,通过税收减免、租金减免等手段降低文创企业经营成本,吸引更多文创企业落户宁波。

第二，积极优化文化金融合作的环境和功能，打造文化产业中心城市。文化金融合作环境和功能的优化离不开政策顶层设计，要充分发挥文化创意产业政府基金的普惠效应，提高资金利用率，增强产出效应；加强对文创政府资金的监督和绩效评价，确保资金用到实处、发挥效用；加强文创类产品的知识产权保护和文创企业信用体系构建，通过政策激励来提升文创企业经营规范化水平，增强企业市场竞争力，吸引外部投资者。

第三，积极培育文化产业人才，促进文化产业高质量发展。在重视和发展文化产业的同时，还需要加强文化产业人才的培养，将文创人才的培养上升到文化战略高度。一方面，基于产教研融合的文化创意人才培养模式，依托高校资源，构建科研成果转化实践平台和人才培养平台；另一方面，利用人才引进政策，建立文创领域智库，制定多层次的人才保障政策，吸引更多高层次文创人才落户宁波。

6.4.4　鼓励发行债券融资，拓展企业融资途径

第一，支持符合条件、主营业务相对集中、创新理念与产品有市场潜力的企业，通过公司债券、中小企业集合债券等方式进行债券融资，扩大文创企业的债券融资规模，创新债券融资渠道和产品。例如，新冠肺炎疫情防控期间北京市出台小文创企业集合债券，首期发行 6 500 万元规模债券，旨在缓解企业融资压力和恢复市场信心。

第二，逐步设立不同风险等级的债券市场，完善市场监管制度，围绕"增量扩面、提质降本"，完善和健全文创企业债券融资的长效机制，充分发挥资本市场对实体经济的支持作用。同时，在风险可控的条件下放宽文创企业发行债券的条件，通过降低债券发行主体的信用等级要求和降低债券发行成本等方式，降低债券市场的准入门槛，调动中小文创企业发行债券的积极性。

第三，积极开发信用风险管理工具，增信文创企业。通过出售信用风险缓释工具、担保增信等途径，提升文创企业在债券市场的信用等级，提升市场对文创企业债券融资的信心。利用好财政资金的杠杆效应，探索设立宁波市文创企业偿债基金，提升文创企业发行中小企业集合债券的信用评级，实现政策支持与市场运作的良好互动。发挥好园区、行业协会在风险识别、文创产品估值和企业信用管理中的效用，缓解市场信心不对称问题，进一步完善债券市场运行机制，营造良好的企业融资环境。

7 宁波文化保险创新发展

本章对宁波保险创新进行必要的梳理和总结,着重分析宁波文化保险发展中面临的困难及其原因,对宁波文化保险发展提出相关的政策建议。

7.1 宁波文化保险发展的现实基础

进入 21 世纪,宁波持续推动保险创新。2014 年 7 月,原中国保监会、浙江省人民政府共同批准宁波为"会省市共建"保险创新综合示范区。2016 年 6 月,国务院正式批复,同意宁波建设国家保险创新综合试验区(以下简称综试区)。在综试区建设过程中,宁波大力推动保险模式创新、产品创新和服务创新,推动保险参与民生保障、化解社会矛盾、服务地方经济,建立了较为全面的、服务于社会各个层面的风险防范和损失补偿体系。2016—2020 年,综试区累计推出 100 多个保险创新项目,已经实现保费收入 300 亿元以上,宁波保险业资产总额达到 600 多亿元。

7.1.1 民生风险保险领域创新成果显著

改革开放以来,宁波社会经济快速发展,生活水平持续提高,民生保障需求已经远远超出社会保险等政策性措施的保障范围,对政府的民生服务工作提出了更高的要求。为此,近年来宁波各级政府积极利用保险创新,为解决民生保障工作中的难点和痛点提供了可复制、可推广的"宁波样本"。

7.1.1.1 巨灾保险

宁波是全国首批巨灾保险试点城市。巨灾保险制度采用"政府推动、市场运作"的模式实施,市民政局主要负责牵头组织实施,出资购买保险,商业保险机构承保负责经办运营。巨灾保险的保障范围包括台风、强热带风暴、危化品爆炸等灾害及其引发的突发性滑坡、泥石流、水库溃坝等次生灾害造成的居民人身伤亡抚恤及家庭财产损失。除了基础保险保障外,市财政还注入启动资金成立巨灾保险基金,并广泛吸纳社会捐赠资金承担政府巨灾保险赔付限额以上的赔付和相应赈灾救助,形成了一个全社会共同参与应对巨灾的公共平台。

7.1.1.2　保险互助社

宁波慈溪市龙山镇伏龙农村保险互助社是全国首家保险互助社,并在2013年升级为镇级农村保险互助联社。2017年,慈溪市政府与众惠财产相互保险社签订战略合作协议,双方拟就农村相互保险试点深化工作开展合作。互助保险不仅是保险服务模式的创新,有助于提升保险服务质量,更是农村治理模式、基层组织建设的创新,对于营造和谐社会、新型城镇化、城乡一体化等都具有重要意义。目前,互助保险社覆盖慈溪市9个村,村民主动参保意识不断增强,村民投保率从最初的30%递增到目前的50%,首家试点的伏龙村民投保率达100%。保障范围也从家庭财产险、人身意外险拓展到了大病医疗补充保险。

7.1.1.3　税优健康险

个人税收优惠型健康保险是由商业保险公司承保,能够享受个人所得税减免政策的健康保险。该险种于2016年1月1日起在全国31个城市进行试点,宁波是全省率先开展个人税收优惠型健康保险试点的城市。根据相关规定,试点地区个人购买符合规定的商业健康保险产品的支出,允许在当年计算应纳税所得额时予以税前扣除,扣除限额为每年2 400元。2016年3月,中国人寿、平安人寿、新华人寿等多家寿险公司相继推出产品并成功销售,标志着个人税收优惠型健康保险在宁波顺利落地。税优健康险投保人既可以享受个税减免,又可以享受充分的医疗保障,而且报销比例高。

7.1.1.4　弱势群体补充保险

为了解决低收入群体、特殊的独生子女家庭、残疾人、孤儿(困境儿童)等弱势群体抗风险能力不足的问题,政府和保险机构合作研发了残疾人补充医疗和意外伤害保险、低收入户医疗保险帮扶项目、重特大疾病保障工程、计划生育特殊家庭综合保险、孤儿(困境儿童)综合救助保险等多个综合险种。上述险种所需保费一般由财政出资,并鼓励社会公益资金参与,同时对新增弱势群体实施动态参保，填补了政策空档。保险责任涵盖了意外身故、残疾、烧伤、医疗、住院补贴、重大疾病、疾病住院补充医疗等基本人身风险。

7.1.2　社会治理保险创新成果喜人

当前，在社会治理层面，治理难点与痛点层出不穷，医患纠纷、食品安全等已成为人民群众普遍关心的问题，对社会治理提出了新要求。宁波以解决社会痛点为导向，把保险作为应对风险、管理风险、防范风险的有效手段，持续推出了医疗责任保险、食品安全责任保险、电梯责任保险等多个创新项目，使保险成为社会治理的有效工具，以较低的制度成本获得了较高的社会治理效益。

7.1.2.1　医疗责任保险

2008 年 3 月，宁波启动了医疗责任保险（以下简称医责险）运行试点，在防范和化解医患纠纷、保护医患双方合法权益、服务社会管理方面进行了有益的尝试和探索，获得了广泛的认可和借鉴。宁波医责险共有四个特点。

第一，地方立法支持。宁波相继出台了《宁波市医疗纠纷预防与处置暂行办法》(2007)、《宁波医疗纠纷预防与处理条例》(2011)，明确了医责险的法律地位，保障了医责险的顺利实施。

第二，完善制度设计。在通过政府推动实现公立医疗机构全覆盖的同时，宁波还创新建立了以"理赔处理＋人民调解"为核心的调处模式。

第三，坚持供给侧改革。宁波保监局推动综合实力较强、信誉较好、责任险经营能力突出的保险公司建立了医责险共保体，通过公司之间的竞争和彼此监督来提高服务水平，也分散了各家公司的经营风险。

第四，发挥行业协会的作用。除选择管理能力和专业技能强的人员担任理赔处理中心负责人外，行业协会还选调和招录了一批有丰富的医疗、保险、法律经验的人员充实到理赔处理中心，同时建立了日常工作质量考核机制，形成了一套内控管理工作体系。

7.1.2.2　食品安全责任保险

宁波食品安全责任保险（以下简称食责险）遵循"政府推动、市场运作、分步实施、注重服务"的原则,通过"实现公共领域统保、一般风险商业覆盖、推动强制保险立法"三步走战略,基本构建了以公共性食责险为基础,商业性食责险与强制性食责险为补充的多层次食品安全责任保险体系。第一步是由政府出资购买保险服务,用以保障各自辖区内的民生公共领域食品安全。第二步则是推动食责险的商业化,通过"1+X"食品安全商业保险体系,即在食品经营单位购买食责险的基础上,为企业量身定做其他的保障,形成较为完整的食责险产业链。第三步则是探索建立健全食品安全责任强制保险制度。

7.1.2.3 电梯责任保险

电梯安全综合保险制度是电梯安全管理的新模式,也是宁波获批设立国家保险创新综合试验区后推出的首个惠民创新项目。电梯安全综合保险试点引入"保险+服务"机制,为电梯运行事故提供保险保障的同时,以市场手段进行事前防控以有效降低事故发生率,既是综试区建设的重要内容,更是保险参与社会治理的新探索。在电梯日常维保过程中,维保单位通过中国人民保险集团(PICC)自主研发的"电梯卫士"手机 App 系统与后台运行监督系统,按照国家相关标准完成维保工作,运用信息化管理系统提供维保质量监督和管理服务。保险公司作为电梯安全风险的管理方、监控方和保障方,主动控制风险预防工作,督促维保单位执行统一严格的标准,监控运行风险并及时处理。如发生电梯安全事故造成乘坐人员的人身伤亡及财产损失,保险公司直接进行经济赔偿。每人最高可赔偿 100 万元,每部电梯累计最高可赔偿 2 000 万元。

7.1.2.4 城镇居民住房综合保险

2015 年 6 月,城镇居民住房综合保险正式落地宁波镇海区。保险规定,居民因房屋倒塌造成的人身伤亡、房屋损失及安置费用或因危房撤离发生的临时安置费用,将从由政府主导、保险公司承保的政策性保险中获得理赔补偿。保险责任范围主要由城镇居民住房保险和公众责任保险两部分组成,保障范围为因保险房屋整体倒塌造成的人员伤亡。宁波镇海区城镇住房综合保险是全国首单通过政府指导、财政出资,覆盖全辖区住房保障的综合保险。这次试行城镇居民住房综合保险,在全国范围内开创了城镇居民住房综合保险的先河。

7.1.3　经济服务类保险创新成效显现

保险服务实体经济的手段主要包括两种:一是研发保险产品,为企业提供涵盖产品研发、规模生产、资金融通、人力资源管理等整个经营过程的风险管理解决方案;二是利用保险资金投资期限长、回报稳定的特点,为地方提供大规模建设资金。宁波保险创新为实体经济提供了多个保险创新,有力支持了企业发展,同时也加大了保险资金引进力度,为宁波经济发展提供了重要的资金保障。

7.1.3.1　小额贷款保证保险

宁波小额贷款保证保险(别称"金贝壳")是全国范围内所推的"无抵押无担保小额贷款保证保险"的一种创新险种。根据这一业务模式,符合一定条件的借款人在获得保险机构的保障支持之后,无须抵押和担保,就能够从银行获得贷款。小额贷款保证保险初始主要支持种植养殖大户、初创期小企业和城乡创业者,其后又衍生出了科技贷、文化贷、助农贷、小微贷等针对不同群体的多个子项目,有效地缓解了宁波小微企业融资难、融资贵的问题。

小额贷款保证保险采取共保经营模式。保险公司建了共保体,成立了小额贷款保险部,共同负责经营试点期小额贷款保证保险业务,拥有放贷的一票否决权,并在贷款逾期率达到6%~10%或赔付率超过150%时,有停办此项业务的权利。共保体的模式有利于规范产品费率、统一资信标准、集中优势人才,提高了承保能力,分散了经营风险。政府出台了配套的支持政策:建立超赔基金,将小额贷款保证保险纳入小企业贷款风险补偿资金的补贴范畴,对保险机构赔付率超过150%后的部分进行补偿;建立借款人失信惩戒机制,对欠款信息予以曝光,对欠款人施加相应处罚;开辟了公安、司法欠款追讨"绿色通道",严厉打击恶意骗贷行为。小贷险"宁波经验"已在北京、上海、广州、深圳等超过26个省市加以复制推广。

7.1.3.2　建设工程综合保险

建设工程综合保险是在工程建设过程中由保险公司提供的一种工程担保机制,可以涵盖建设工程招标投标、合同履约、工程款未付、质量保修以及农民工工资支付等各个阶段和环节。建设工程综合保险在完善工程担保制度、优化建筑业发展环境、减轻企业负担等方面发挥了重要作用。2019年,建设工程综合保险已为全市 570 家建筑企业发放各类工程保证金 5.54 亿元,极大缓解了企业的资金压力。

7.1.3.3 科技创新类保险

该类保险主要用于覆盖科创企业在科技创新过程中面临的风险,包括研发责任保险、研发费用损失保险等具体险种。研发责任保险主要保障企业新产品、新工艺、新材料等研发成果,如果研发成果存在缺陷,一旦在售后使用中造成意外事故,导致下游客户、消费者的人身伤亡或财产损失,保险公司将负责赔偿。2018 年,该保险为 3 000 多名研发技术人员提供了 3 亿元的风险保障。研发费用损失保险则为科创企业的创新研发活动兜底,在保险期间如果企业研发项目失败,经专业评定后企业在研发过程中的费用损失由保险公司按保险合同约定负责赔偿。2018 年,研发费用损失保险为企业提供了 212.04 万元的风险保障。

7.1.3.4 创业项目费用损失保险

创业项目费用损失保险(别称"创客保")被保险人为宁波高新区内经认定,符合一定资格的创客团队合伙人或股东。该险种重点扶持创客空间、孵化器、加速器内创新型企业,为创业企业提供一定兜底保障。如果创业企业在保险期内倒闭,则保险公司将根据合同向创业人赔付一定数量的损失费用。2018 年,"创客保"为宁波注册创客提供了 480 万元的风险保障,赔款达 95.8 万元。

7.2 宁波文化保险发展面临的困难及其成因

7.2.1 宁波文化保险的供给现状

目前,市场上已有的文化保险产品根据承保方可分为商业保险和政保合作保险两类,每类产品根据其适用范围又可分为普通险种和特种险种,其中普通险种适用于包含文化产业在内的诸多产业,而特种险种仅适用于文化产业。

在商业型文化保险产品方面,宁波地区的产品供给与国内其他地区没有显著差异,但依托综试区的地位和优势,宁波通过政保合作方式在普通型和特种型文化保险产品创新方面取得了丰硕的成果(见表 7-1)。就大类而言,现有文化保险产品供给基本能满足文化保险需求。

表 7-1　保险产品体系

承保主体	适用范围	
	所有企业	特定企业
企业	"商业化＋普通"保险产品	"商业化＋特种"保险产品
政府	"政保合作＋普通"保险产品	"政保合作＋特种"保险产品

7.2.2　宁波文化保险的供求匹配状况

如表 7-2 所示，宁波已通过商业化和政保合作机制为文化企业生产私人产品与公共物品中面临的常规风险和特种风险提供了多样化的保险产品。但就文化企业当下和未来的发展而言，文化保险产品供求有效匹配仍有待优化。

表 7-2　宁波现有文化保险品种

保险产品类型	主要险种	供给机构（或主要发起机构）
"商业化＋普通"	一般的财产保险和人身安全保险	财产保险公司和人寿保险公司
"商业化＋特种"	演艺活动财产保险、演艺活动公众责任保险、演艺活动取消保险、演艺人员意外和健康保险、展览会综合责任保险、艺术品综合保险、动漫游戏企业关键人员意外和健康保险、动漫游戏企业关键人员无法从业保险、文化企业信用保证保险、文化企业知识产权侵权保险、文化活动公共安全综合保险、影视完片险等	中国人民财产保险有限公司、中国太平洋财产保险股份有限公司、中国出口信用保险公司
"政保合作＋普通"	政策性小微企业财产险	宁波市金融办、市经信局
	"金贝壳"小额贷款保证保险	宁波市金融办、中国人民银行宁波市中心支行
	知识产权（专利）质押保证保险	宁波市知识产权局、中国人民银行宁波市中心支行
"政保合作＋特种"	文化企业小额融资风险担保（风险资金池）	宁波市文化广电旅游局
	文物保护险	宁波市文化广电旅游局

第一，"商业化＋普通"保险供需客观存在，但产品精细化有待强化。如前所述，"商业化＋普通"保险主要指一般的财产保险和人身安全保险，企业有需求，所有的财产保险公司和人寿保险公司也能提供，保险产品供需都是客观存在的，且基本匹配。但随着文化企业创新发展和企业全面风险管理的推进，保险需求将更加多样化和精细化，这就要求保险供给利用大数据、新技术，不断创新产品，提升服务，以期更好地提供与多样化、精细化的需求相匹配的风险保障。

第二，"商业化＋特种"保险需求客观存在，但供给和需求难以有效匹配。2010 年，保监会和文化部联合下发了《关于保险业支持文化产业发展有关工作的通知》，重点推出了十一类试点特种保险，具体包括演艺活动财产保险、演艺活动公众责任保险、演艺活动取消保险、演艺人员意外和健康保险、展览会综合责任保险、艺术品综合保险、动漫游戏企业关键人员意外和健康保险、动漫游戏企业关键人员无法从业保险、文化企业信用保证保险、文化企业知识产权侵权保险、文化活动公共安全综合保险等。上述险种由中国人民财产保险股份有限公司（简称人保财险）、中国太平洋财产保险股份有限公司（简称太保财险）以及中国出口信用保险公司（简称信保）三家财险公司负责。在此基础上，近年来人保财险和太保财险还推出了影视完片险等面向文化产业的新型险种。此类保险专门为文化产业设计，将很多包含于普通保险中的产品进行了专门针对文化产业特点的改进和重新设计，能够更好地满足文化产业的专门需求。

目前，在宁波开展的文化业务能够引致广泛的保险需求，但是这种需求往往不能转化为对宁波本地文化保险产品的需求。这是因为现阶段宁波文化企业较多处在产业价值链的下游，如影视、会展、文艺表演等行业多处于提供场地、引进内容的阶段，这一阶段的保险发展特点是外地内容提供商在保险业务中承担主要购买者的角色。这一特点导致宁波文化企业在经营过程中与相关的保险需求往往处于割裂状态。此外，由于宁波保险机构将较多的注意力放在制造业保险需求上，针对文化企业的特种保险产品创新与供给明显不足，导致这类保险大量流失到了上海等地。

第三，"政保合作＋普通"保险产品在宁波创新较成功，但文化企业参与率不高。如前所述，商业化保险产品主要服务于私人产品领域，针对现实经济活动中公共产品、准公共产品以及因信息不对称导致正向外部性的领域，商业化保险产品存在市场失灵,需要通过政保合作机制提供保险产品。近年来,综试区创建成效显著,一大批政保合作创新险种被成功推出和应用,如巨灾保险、电梯责任保险、"金贝壳"小额贷款保证保险、科技创新类保险等,有效促进了宁波的民生保障、社会治理和经济发展。

本质上来说,综试区推出的创新产品和服务同样适用于文化企业。如:"金贝壳"小额贷款保证保险,包括文化企业在内的所有小微企业无须抵押和担保就能获得银行贷款融资;知识产权(专利)质押保证保险则为拥有知识产权和专利的小微文化企业提供了新的融资渠道;政策性小微企业财产险为小微文化企业对抗意外灾害提供了保障。但比较而言,上述创新产品在制造业获得了较为广泛的应用,文化企业参与率不够,需要进一步的宣传和落实。

第四,"政保合作＋特种"保险产品已开发,但实际应用有待深挖。为了满足文化产业特定的风险需求,宁波市文化广电旅游局牵头创建了多种政保合作产品,有效缓解了文化企业保险市场失灵问题,为宁波文化产业发展提供了新动力。如宁波文化产业信贷风险补偿资金(风险资金池)旨在为小微文化企业提供增信、融资服务,其本质与信用保证保险相同。小微文化企业从资金池获取贷款所产生的风险,政府承担40%,保险公司承担40%,银行承担20%,从而极大地降低了贷款银行面临的风险,提高了小微文化企业的融资成功率。宁波文化企业小额融资风险担保(风险资金池)主要由农行文创支行负责具体业务操作,2018年为文创企业提供信贷超过1亿元,有效支持了文化企业的发展。

但总体而言,政保合作机制下的特种保险产品在宁波文化企业中实施不够,实际应用有待进一步的普及和挖掘。

7.2.3　宁波文化保险供求匹配不足的原因分析

尽管每类文化保险产品供需存在的问题各不相同,但最为集中的是供给和需求尚未实现有效匹配,表现为没有购入相应保险产品的文化企业仍然很多,而保险公司提供的相应产品销售情况也不理想,为了弥补市场供给不足而推出的政保合作项目也未能最大限度发挥作用。具体原因总结如下。

7.2.3.1 有效保险需求不足,导致虽有保险产品但无人问津

第一,文化企业风险识别能力差、保险意识淡薄导致保险需求不足。文化企业以小微企业为主,识别风险所需的专业人才储备不足,专业知识缺乏,导致保险识别能力差。相当多的文化企业不仅对未来发展中可能存在的风险认识不足,甚至对当前的风险也缺乏认知。在调研中,企业普遍反映没有面临较大风险,不需要购买保险产品。而在调查人员对其进行风险剖析之后,企业负责人才恍然大悟。其次,即便企业认识到了风险,但囿于对保险的传统认知,缺乏运用保险管理风险的意愿。我国保险业在过去很长一段时间声誉不佳,因而社会对保险的信任度较低,文化企业亦是如此。信任度低下导致文化企业缺乏主动了解保险的动力,对于保险的发展和作用更加缺乏正确认知。在调研中,尽管很多企业负责人认识到也识别出了风险,但在被问及是否会采用保险产品对冲风险时,其发出了"这也可以运用保险吗"的疑问,这是其对保险缺乏信任、缺乏了解的典型体现。虽然企业没有认识到风险,但是风险不会因为主观忽略而消失,风险持续存在将对文化企业当前及未来发展构成隐患。所以,提升文化企业风险识别能力和保险认识水平,不仅是刺激文化保险发展的重要手段,更是为文化企业未来发展保驾护航的关键举措。

第二,保险业务不受重视导致业务大量外流。每年在宁波开展的文化企业经营活动,如文艺演出、会展以及影视剧拍摄等,均涉及和购买了规模较大的保险产品,但此类保险业务大多数不在宁波本地市场成交,而是流向了北京、上海等地。文化保险业务大量外流的原因有很多,但最主要的是,上述宁波文化产业经营活动,宁波方主要作为场地提供方或主办方,而非内容提供商。当前,文化产业的内容提供商大多注册于金融和保险产业发达的地区,比如北京、上海等地,其中部分地区(主要是深圳)还对文化保险进行保费补贴。因此,此类文化活动产生的保险业务或流向内容提供商的注册所在地,或流向保险更为发达、保费更为便宜的发达城市。文化保险业务大量外流导致本地保险机构的市场份额进一步缩小,保险机构的推广和宣传动机进一步下降,用于提升保险技术的资金也可能进一步减少,从而导致保险服务能力持续下降,保险业务进一步外流,形成恶性循环。

7.2.3.2 有效供给不足,导致部分现实的保险需求得不到有效满足

导致有效供给不足的主要因素有三。

第一,保险机构推广文化保险产品的动力不足。虽然文化产业近年来发展较快,但是在经济总体中所占的比重仍然偏低,从而导致文化保险的市场规模仍然偏小。因此,相较于传统的保险业务,如人寿险、车险等,保险公司在此块业务方向上投入的资源有限,推广动力相对不足,宣传力度不够,产品开发和产品创新意愿较低。目前,宁波场开展专门性文化保险业务仅有人保财险和太保财险两家,导致文化保险产品的知晓度和影响力明显偏低。因此,很多文化企业即使存在潜在的保险需求,也因缺乏相应的产品和购买渠道信息,而不能转化为现实的保险交易。产品开发和产品创新上投入的不足又影响了保险产品供给的持续性发展,无法适应文化保险需求的新发展。近年来,人保财险和太保财险等保险企业已经认识到了上述问题,对文化保险业务在一定范围内进行了推广,但力度仍然有限。

第二,保险机构缺乏开展部分保险业务所需的技术能力。就文化保险供给侧而言,除了存在上文提到的保险机构推广动力不足的问题外,保险机构开展部分保险业务所需的技术能力不足也是制约发展的关键因素。文化保险业务,尤其是针对文化产业的特种保险业务,通常需要具有较高水平的专业知识才能识别和判断风险,这种专业要求往往超出了保险机构现有的能力范围。此外,文化产业发展较快,产业形式日新月异,某类保险即使过往存在业务开展经验,在新情况下开展新应用却需要新的技术支持。因此,虽然多个特种保险产品已推出多年,但受限于保险公司的技术能力,目前宁波市场上业务创新仍处于较低水平。以电影完片险为例,该险种虽已推出多年,但宁波保险机构缺乏对完片风险的识别和评估能力,无法判断造成完片的风险到底源于主观还是客观因素,导致此类保险的实际应用极其有限。再比如直播业是近年新兴的新媒体业务,其核心资源为网红主播,面临人才流失风险。调研中我们发现,对于现有“动漫游戏企业关键人员无法从业保险”能否直接应用于直播行业这一问题,保险公司的代表无法给出直接回复,认为需要在更多的技术人才支持下深入研究才能得出结论。

上文提到的“对于文化保险的重视不够,技术投入不足”,并不是保险机构缺乏开展部分文化保险所需的技术能力的主要原因,最为根本的原因在于保险机构的整体实力仍然有限,保险机构很难在所有文化细分产业具备

足够专业的知识,即使在北京、上海、深圳等保险产业发达、保险机构实力雄厚地区,上述险种开展的规模同样有限。因此,保险机构在开展影视保险等部分文化保险方面存在天然的技术缺陷。

第三,现有保险创新的落实力度尚显不够。为了弥补市场供给的不足,政府部门推出了多项特种文化政保合作产品支持文化产业发展;同时,综试区推出的很多普通政保合作创新产品也适用于文化企业。但调研发现,这些保险创新产品在文化企业中发挥的作用总体上很有限,其关键原因在于现有保险创新的落实力度明显不足。以目前已落地的文化企业信贷风险池两项创新为例,多方调研结果表明,此类业务开展有限的原因在于投入的资源不足,如开展此类业务的营业部目前仅有中国农业银行宁波鼓楼支行,导致此类保险的供给能力严重受限。

7.3 宁波文化保险创新发展方向

7.3.1 宁波文化产业未来的保险需求分析

文化企业保险需求既有一般企业的共性,又有特殊性,而且随着文化企业未来从低端走向高端、从内容购买商转向内容提供商的转型升级,必将导致保险需求展现新的形式和新的特点,归纳如下。

第一,普通保险仍是宁波文化企业保险需求的主线。保险通过在时间和空间上分散转移风险,有利于稳定市场主体对未来的预期,提升风险抵御能力。如旅游企业对于人身安全保险和财产保险的需求一直很大,文化演出、会展以及影视拍摄等活动对于人身安全保险也有着比较大的需求。

第二,对冲融资和经营风险是当前文化企业最急迫的保险需求。文化产业具有轻资产的特点,宁波的文化企业又以小微企业为主,因此,企业面临的融资风险尤为突出,对能用于对冲融资风险的保险产品需求迫切。此外,很多企业仍处于初创阶段,面临的经营风险较大,急需相关保险来对冲创业经营中面临的风险。

第三,对冲人才流失风险也是文化企业越来越关注的保险需求。人才是诸多文化细分子行业的核心资产。相较于上海、杭州等发达城市,宁波在事业平台、子女教育、生活环境等方面的吸引力不具有优势,因而人才流失问题相对严重。如何对冲人才流失风险也是当前众多文化企业较为关注的问题。

第四,对冲创新风险是文化产品制造和创意设计企业的共同需要。宁波正在加快推进传统文化产品制造和创意设计类企业向"微笑曲线"两端延伸,高附加价值和新兴产业的发展壮大,导致宁波文化保险需求展现出新形态和新特点,主要表现在文化产品制造业从传统向高端转型面临转型风险、创新设计企业面临创新风险。

第五,潜力文化产业的发展催生更加多样的专业性保险需求。影视产业、创意美术和文化休闲旅游是宁波文化产业领域重点培育的三大潜力产业,其发展壮大不仅会导致对文化保险的需求规模扩大,也将对保险产品和服务提出新要求。由于上述产业提供的服务多为无形资产,且往往具有不可复制性的特点①,所以其保险需求也将更加多样,且更具专业性。

第六,新兴文化产业的发展将导致保险需求呈现新形式、新内容。现代传媒业和信息传输服务业是实现宁波文化产业创新发展的新兴领域。尽管这些产业面临的风险与其他文化产业相类似,但也不排除产生众多具有新形式、新内容的保险需求。这就要求保险机构不断研究投入,强化对现有保险产品的更新升级。

7.3.2　宁波文化保险创新方向分析

精细化的保险需求对于保险产品的设计和保险服务的形式提出了更高的要求,当前宁波文化保险供给难以有效满足。为此,需要不断创新保险产品和服务。为实现保险产品和服务与需求有效匹配,必须在文化保险供给侧进行必要的改革,提升文化保险供给能力。

第一,保险产品和服务的创新必须契合文化产业的特点。以宁波的小额贷款保证保险为例,该险种同样适用于文化企业,但目前在文化产业使用率仍然偏低。因此,必须根据文化企业的现实特点和具体需求,创新或改进该险种的内容或服务,以满足文化企业对冲融资风险的需求。

第二,保险产品和服务创新必须精准发力、有的放矢。一方面,针对文

---

①　一般说来,保险公司为了精确衡量被保险对象的风险,需要被保险对象涉及的相同或类似风险事件重复发生多次,从而具有足够多的数据可供使用。如果被保险对象的风险事件发生具有不可复制的特点,则保险公司精确衡量被保险对象的风险面临严重困难。

化企业发展面临的主要困难，选择融资、人才等重点环节，作为文化保险产品和服务创新的优先方向，先满足大需求，再考虑小需求；另一方面，在对部分险种和服务进行改进时，应抓住主要矛盾，以有限资源实现最大收益。

第三，加大对政保合作提供的特种险种的宣传力度，增加供给资源。虽然政府主管部门通过政保合作推出了对多种专门面向文化企业的特种保险产品，但宣传力度不够、投入的资源有限等，导致服务效率不高。因此，要加大对现有政保合作特种险种的宣传力度，让企业和消费者认识、使用产品，同时增加供给资源，保证既有需求也能满足。

第四，政府引导保险机构提升商业化特种险种的供给能力。当前，宁波保险机构普遍缺乏开展文化特种保险业务所需的技术能力。因此，一方面，要加大专业机构的引进力度，尤其要引进能够对保险机构提供技术补充的专业型保险中介机构，并鼓励保险机构加强自身人力资源的培养，从而提升商业化特种险种的供给能力；另一方面，鉴于部分商业化特种险种存在天然的市场失灵，政府应主动参与、引领市场，通过政保合作机制增加险种的供给能力。

7.4　宁波文化保险创新发展的思路、原则与目标

7.4.1　总体思路

总体思路为可以概况为"构建一个体系＋立足两个着力点＋强化三位一体协调运行"。

构建一个体系——构建保险机构与文化企业互动发展的生态体系。该生态体系是一个由保险机构、文化企业、发展环境共同构成并相互作用的有机体系。良好的生态体系，有利于充分发挥保险机构、文化企业等市场主体在风险管理中的决定性作用，提升政府在市场失灵领域的风险管理水平，促进文化保险与区域文化产业的共生共荣。

立足两个着力点——推动综试区的保险创新产品和服务在文化企业落地应用，挖掘文化企业的潜在保险需求。根据"需求追随"和"供给领先"两种金融发展模式，从金融服务实体经济的本质目标出发，一方面，要根据文化企业创新发展需要和风险特征，推动综试区的保险创新产品和服务理念

在文化企业落地应用；另一方面，要鼓励保险机构推进文化保险供给侧结构性改革，创新推出更多适用于文化企业的商业化、政保合作保险产品，引领并提升文化企业保险理念，深挖文化企业创新发展过程中的潜在保险需求，打造区域性文化保险创新高地。

强化三位一体协调运行——"保险机构—文化企业—中介服务体系"一体化运作，实现产融互动发展（见图7-2）。保险机构重在推进供给侧改革，创新、用活保险产品，并树立产品供给与服务并重理念，促进文化企业跨越式发展；文化企业重在规范化运作，并通过运用保险手段提升风险管理能力；中介服务体系重在提供专业化、全过程服务，协助保险机构提升文化保险供给能力，为文化企业提供咨询服务、保险科技服务，并为政府的政保合作服务采购提供支持，从而有效对接供需信息，促进产融互动发展。

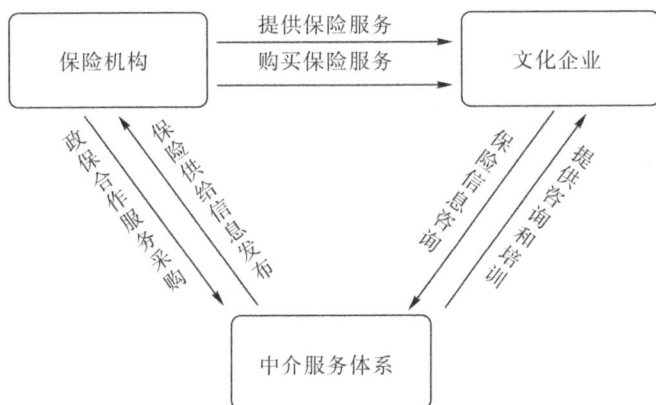

图7-2 "保险机构—文化企业—中介服务体系"三位一体协调运行

7.4.2 发展原则

第一，坚持开放式特色创新。文化保险的创新不能仅仅依赖于保险供给方，更应该积极主动地将保险需求方吸纳到创新体系中来，实现开放式的特色创新。要求保险供给方以保险需求为基准开展创新，积极吸纳保险需求方的意见和建议，保险产品根据需求变化不断调整、创新；要求保险需求方更加积极主动，勇于承担产品创新者的责任，需求方能够有效地转化为提供方，丰富产品的供给形式。

第二，坚持需求挖掘和供给侧结构性改革并举。文化保险创新发展要坚持供给和需求两端同时发力，既补供给短板，又抓需求挖掘。当前宁波文化保险市场最突出的问题在于供给能力不足、产品匹配度不高，所以补供给短板是短期最为紧迫的任务。就中长期发展而言，引领并提升文化企业保险理念，深入细致地挖掘文化企业创新发展过程中的潜在保险需求，是保险促进文化产业发展的必然要求。供给和需求同时发力将促进保险供给端和需求端同时提升，实现文化与保险产业的协同发展。

第三，坚持在政府引导下释放市场主体活力。对于在文化保险发展过程中产生正向外部性①的业务活动，政府应积极干预，发挥引领作用。同时，要注重结合宁波地区市场主体活力高的特点，积极引导市场主体参与市场活动，实现政府引导企业分享市场成果、市场主体主动参与市场发展的良性互动。

7.4.3　发展目标

根据总体发展思路和原则，文化保险的发展应以"为文化产业当前发展提供支持，为文化产业未来发展提供引领，最终实现产融协同发展"为总目标。在这一总目标下，再细分短期发展目标和中长期发展目标。

短期目标是弥补文化保险供给短板，创新性地形成较强的、匹配于宁波文旅发展需要的文化保险供给能力，为解决文化产业当前发展面临的痛点提供助力。

中长期目标是提升文化企业保险理念，深挖文化保险潜在需求，加快保险供给侧结构性改革，促进文化产业与保险互动发展；将宁波打造成为区域性文化保险产品创新、地方探索产融协同发展的新高地，提升宁波国家保险创新综合试验区、宁波创建国家文化与金融合作示范区的辐射能级。

7.5　宁波文化保险创新发展路径

7.5.1　供给侧创新发展路径

当前宁波文化保险供给侧的创新主要包括两大路径：一是抓紧实现宁

---

① 业务的正向外部性是指企业开展某项业务活动能够对整个社会产生积极的影响，不过由于开展此项业务的企业不能获得业务所产生的全部或大部分收益，还要承担开展业务的成本，导致产生正向外部性的业务往往供给不足，需要政府引导和介入。

波现有保险创新在文化产业创新落地；二是提升现有保险供给主体的供给能力，并力争创新保险供给形式。

7.5.1.1 建立宁波文化企业巨灾风险防控体系

考虑将巨灾保险逐步拓展覆盖文化企业，形成"1个主险＋X个附加险＋1个应急融资特别约定"的文化企业巨灾保险体系，有效帮助文化企业应对各类巨灾风险。具体的附加险种和创新主要包括如下三类。

第一，尽快落地面向文创企业的政策性小微企业财产保险。当前，应坚持政保合作，逐步推动将现行试点的政策性小微企业财产保险进行推广创新，使之成为文化企业巨灾保险体系中的主险：一是将投保企业范围从制造业企业扩大至小微文化企业；二是将保险责任从自然灾害以及火灾、爆炸等传统风险，拓展到以重大疫情为代表的社会经济动态风险；三是适应文化企业轻资产特点，保险标的范围从固定资产和流动资产，拓展到以文字、图表、图像、音频、视频、数据库等不同形式存储的电子信息记录，满足企业特定的风险需求。

第二，逐步叠加适应文化企业风险特征的创新型附加险。今后，应结合文化企业经营风险特征，在已有政策性文化企业保险的基础上研发以下创新型附加险，为不同类型的文化企业提供个性化巨灾保险保障方案。一是营业中断保险。在文化企业的经营过程中，极易因不可抗拒因素出现营业中断（比如新冠肺炎疫情引起的经营中断），致使企业正常利润损失，可以在主险基础上叠加营业中断保险。二是科技创新保险。该险种主要针对高端文化用品制造业可能面临的研发和创新风险，包括新产品研发、中试、试销等一系列风险点。具体包括：产品研发保险，主要针对研发过程中出现的延迟和失败；中试保险，主要针对中试反馈的主要技术改进、关键设备改进和产品改进；产品试销保险，主要针对产品试销过程中购买方（使用方）试用新产品、设备或替代旧产品、设备的风险。三是创业保险。针对当前宁波文化企业仍多处于初创状态，创业失败风险仍然较大的问题，将创业项目费用损失保险（"创客保"）从宁波高新区向全市文化企业推广，并适当调整被保障企业的标准。四是关键人员保护保险。参考文化保险中现有的动漫游戏企业关键人员保护保险，以政保合作的模式为更大范围的文化保险企业关键人员，比如创意设计企业的核心员工、直播等新媒体企业的核心员工等，提供适当标准的保护保险。

　　第三,推动宁波与各大保险公司签订文化产业应急融资特别协议。新冠肺炎疫情对宁波文化企业影响巨大,也对宁波文化企业巨灾保险体系建设提出了新的要求。宁波应借鉴国际保险领域中非传统风险转嫁(alternative risk transfer, ART)的巨灾风险管理理念,完善文化企业巨灾保险体系。其主要工作包括:一是借鉴宁波公共巨灾保险建设经验,要求文化企业巨灾保险承保主体科学测算文旅行业整体风险暴露程度,每年从保费中提存合理额度建立长期责任准备金,同时在国内市场中合理安排再保险;二是宁波政府在与相关保险公司总部机构签订各类文化保险合作协议时,增加应急融资特别约定,规定一旦宁波出现巨灾损失,保险公司应提供短期应急融资,帮助宁波文旅行业生产自救,融资成本不应高于中国人民银行同期贷款基准利率。

7.5.1.2　打通宁波文化企业投融资保险业务全流程

　　当前,宁波文化企业面临着较为严重的融资难题,同时,文化企业在项目投资过程中也承担了较大风险。宁波保险机构应密切对接宁波创建文化与金融合作示范区的建设要求,下力气推广复制各类投融资保险创新,打通文化企业投融资保险业务全流程,舒缓文化企业资金压力。其主要工作包括三方面。一是形成"小贷险＋知识产权保险＋风险资金池"融资增信闭环,纾解文化企业融资难。文化企业融资难的根本原因在于企业缺乏被广泛认可的抵押资产,很难通过银行贷款等传统融资方式获得企业长期发展资金,而保险创新解决这一问题的关键同样在于借助保险产品为文化企业提供增信服务,有效转嫁和分摊银行坏账损失。二是对于缺乏有效抵押物的文化企业,应积极支持小额贷款保证保险全面覆盖文化企业;对于拥有专利、商标等知识产权的文化企业,则要支持知识产权保险的发展,为银行提供充分可信的贷款依据。同时,引导保险资金、财政资金、产业基金以及其他社会资金与银行合作设立文化产业风险资金池,不仅能保证文化产业的融资规模,也能为融资风险提供社会化损失分摊机制。三是推广"履约险＋责任险＋忠诚险"经营风险管控组合,缓解文化企业融资贵的问题。保险公司应重点研发以履约保证保险、公众责任保险以及雇员忠诚保险为代表的风险管控组合,并尽快推广到文化企业,降低经营风险。履约保证保险是指保险公司向保险受益人承诺,如果被保险人不按照合同约定或法律的规定履行义务,则由该保险公司承担赔偿责任的一种保险形式。以履约保证保险为主体的建设工程综合保险早在 2015 年就已落地实施,截至 2018 年,有超过 1 300 家建筑企业投保了 13 000 多单,共释放保证金 89 亿元,为企业减负 5.9 亿元。文化企业特别是广告施工企业,在项目招投标、项目施工中都面临着履约责任,完全可以率先试点推广履约保证保险,为企业降低财务成本。文化企业提供的主要是服务,而在服务交付过程中可能因疏忽和失误造成服务受益方、社会大众的潜在损失,因此,保险机构应针对此类责任风险研发适应于文化企业的公众责任保险。以酒店住宿业为例,因为服务的不规范和懈怠,很可能会造成客人的财产损失乃至人身伤害,导致企业正常经营受到一些极端责任事故的巨大影响。企业在投保公众责任保险后,就可以获得及时的损失转嫁,确保企业的正常经营。雇员忠诚险是指因被保证人(企业雇佣的员工)行为不诚实而使权利人(企业)遭受直接经济损失时,由保证人(保险公司)承担赔偿责任的专项险种,其承保的常见风险包括员工在受雇期间盗窃、贪污财物、挪用公款及专用资金、伪造账目,以及因欺诈行为(包括欺骗雇主和其他关系方)导致企业损失。由于文化企业是人力资源密集型企业,产出成果极易被雇员占有、挪用和销毁,雇员忠诚保险为解决这一人力资源管理难题提供了保险方案。

7.5.1.3　加大"出口信用险＋对外投资险"政策性保险供给,帮助文化企业拓展"一带一路"市场

随着"一带一路"倡议的广泛接受,很多宁波文化企业开始着手投资"一带一路"项目,但是由于对外经贸人才的欠缺,很多文化企业有了好项目却不敢投,抑制了文化企业的国际化发展。因此,宁波应积极支持信保研发适应于文化产业的"一带一路"出口信用保险和对外投资保险,并尽快落地宁波。

出口信用保险是承保出口商在经营出口业务的过程中因进口商的商业风险或进口国的政治风险而遭受损失的一种信用保险,是国家为了推动本国的出口贸易,保障出口企业的收汇安全而制定的一项由国家财政提供保险准备金的非营利性的政策性保险业务。文化企业出口不仅涉及货物贸易,还涉及服务贸易,因此出口信用风险更加多元,更加具有不确定性,加之当前国际经济环境不佳,文旅出口信用保险的研发落地更具紧迫性。

对外投资保险是指资本输出国政府为本国投资者可能因东道国国内政治风险而遭受的损失提供的保险。政治风险主要包括不能自由汇兑的风险，征用、没收或国有化的风险，战争、革命、暴动风险，政府停止支付或迟延支付的风险等。由于"一带一路"国家大多为发展中国家，加大文化企业的对外投资保险不仅有助于我国企业"走出去"，还可以帮助当地人民实现可持续发展，显著降低中国企业投资项目所遇到的政策风险。

7.5.1.4　建设文化保险经纪体系

文化保险经济体系包括线下文化保险经纪业务和线上保险经纪平台两部分。依托宁波发达的保险科技产业，鼓励保险科技企业建设和发展线上保险经纪平台。对于获得认证的平台，初期可由政府进行资金支持，主要用于发布保险供求信息，有效联系供求双方；未来，平台可接入保险公司和保险经纪机构的端口，同时鼓励互联网保险经纪业务发展，由上述企业支付经费，实现平台市场化运营。大力鼓励在文化保险领域具备优势或专门开展文化保险业务的保险经纪人及保险公估人在宁波创业和发展，在保证合法、合规的前提下，推动线下文化保险经纪业务发展，促进供求双方有效沟通，弥补文化保险公司技术能力的不足。

7.5.1.5　建设文化保险企业风险培训和咨询体系

鼓励和支持具有专业技能的培训和咨询机构发展，为文化企业提供风险培训和咨询服务。初期可由行业协会牵头，由政府承担部分费用，按批次组织培训和咨询活动，以刺激、吸引专业培训和咨询机构的发展与业务拓展，将宁波打造成专业的文化产业风险培训和咨询产业高地。在服务供求双方稳定发展之后，政府将逐步退出，实现市场的自发发展和运营。

7.5.1.6　尝试和推广文化企业互助保险模式

宁波现有文化保险供给端面临两大类困难：一是部分文化保险品种对专业知识的要求过高导致保险机构无力开展业务；二是多数文化企业规模偏小，保险需求分散，且专门性保险整体市场规模有限，导致保险公司开展业务的动力不足。为此，建议在现有文化保险供给体系之外推广互助合作保险模式，实现文化企业互助互保，拓宽文化保险供给渠道。

互助合作保险由属于同一细分文化产业的企业或面临同样风险文化企业组成的互助保险合作社提供，合作社由参与企业自己出资、自主管理、自我服务，合作社根据参与企业的需要设计保险产品并设定赔偿标准，所有参与企业"共享收益，共摊风险"。文化保险互助合作社可以具体分为两类。

第一类是由专业性文化企业组成的互助合作社。该类合作社主要用于提供专业知识要求较高的保险服务，比如影视业相关保险。合作社可由行业领军企业牵头发起，参与合作社的企业均拥有丰富的专业知识以识别风险、判断风险和损失，相较于传统保险公司具备更强的业务开展能力，并能有效降低逆向选择的风险。第二类是由专业性要求不高的小微企业组成的互助合作社。该类小微企业主要通过行业协会获取相关信息，所以可由行业协会牵头发起，适当时期还可扩大到不同行业协会之间进行合作办社。该类合作社致力于降低保险服务的成本，对小微企业更具吸引力，有助于提升文化保险的覆盖率。

7.5.2　需求侧创新挖掘路径

在补齐文化保险供给短板的同时，应注重对文化保险需求的挖掘，以期既为文化企业提供匹配的保险产品和服务，又能促进保险与文化产业的协同发展。深挖企业保险需求，要关注两个方面：一是企业能够识别风险，并能建立运用保险对冲风险的认知；二是让有保险需求的企业了解到在宁波购买保险性价比高，从而将保险需求转化为对宁波本地保险产品和服务的需求。

7.5.2.1　提升企业自身风险识别能力，能主动运用保险工具管理风险

提升企业对自身风险的识别能力可通过两条路径来实现：对具备条件的企业，鼓励其通过人才培养和人才引进等途径，增加企业人力资本积累；对不具备条件的小微企业，由政府提供外部支持，通过政府提供免费培训或政府提供咨询等形式为企业识别风险提供助力。

让企业主动运用保险工具管理风险的前提是加强企业对保险的正面认识，需要从两方面入手：一是提升公共宣传的力度，营造懂保险、用保险的整体社会氛围；二是推动企业与保险业界人士广泛沟通和了解，从沟通中改变认知，从了解中增进互信，从而提高企业主动、灵活运用保险工具管理风险的积极性。

7.5.2.2　引导本地文化保险业务回流，吸引外地保险业务流入

通过多种形式重点引导和吸引下述两类文旅经营活动产生的保险业务留在宁波本地。

第一，本地企业购买或引入外部文化资源在本地开展经营活动所产生的保险业务。比如，企业引入外地文艺团体在宁波表演，需要为演员、职员以及消费者提供不同程度的保险保障。对于此类保险业务，通过税费补贴等形式，实现相较于以往将全部费用打包支付的形式，主动在宁波购买保险所支付的成本更少，从而提升企业将保险业务留在本地的动力。

第二，外地文化企业在宁波当地开展经营活动所产生的保险业务。比如，来宁波开展电影拍摄的剧组或公司，来宁波参加会展或者组织会展的企业，均需要为其员工和邀请人员提供风险保障。对于此类保险业务，同样通过税费补贴保证在宁波地区购买保险相较于其他地区（主要是文化和保险产业较为发达的地区）更加优惠，从而将外地的保险业务吸引至宁波本地。

7.5.3 文化与保险合作赋能协同机制

宁波创建国家文化与金融合作示范区为文化与保险的融合发展提供了崭新的契机，保险要深度服务文化产业发展，文化产业更可以为保险发展提供强大的产业基础和文化支撑。因此，构建宁波文化与保险合作赋能协同机制，会为宁波创建国家文化与金融合作示范区提供更为丰富的创新场景，也为全国的文化与金融合作发展提供新的路径。

7.5.3.1 打造全国首条金融保险文化旅游线

宁波金融保险具有深厚的文化底蕴，民族金融保险业发展与宁波帮息息相关。宁波钱庄业在近代中国金融保险发展史上留下了浓墨重彩的一笔。中华人民共和国成立以后，特别是改革开放以来，宁波金融保险创新发展同样走在全国前列，因此，宁波完全有条件打造全国首条金融保险文化旅游线，以此为契机推动宁波金融保险的文化建设，提升宁波金融保险内涵式发展动力。

该旅游线起点可以定在东门口的宁波钱币博物馆，途经宁波通商银行旧址、中国保险博物馆、宁波帮博物馆、国际金融中心、宁波保险科技产业园、国寿大厦、中国人保大厦。市区参观完毕，前往慈溪龙山参观宁波帮知名人士虞洽卿故居和龙山保险互助联社（全国首家农村保险互助社），最后结束于余姚梁弄，参观中共浙东区委旧址、浙东银行旧址等。

7.5.3.2　打造全国领先的文化保险资金运用高地

依托梅山岛、宁波保税区等保税港区的政策先行优势,积极吸引国内外保险资金在宁波设立各类细分领域的文化产业基金。以旅游行业为例,重点支持的产业基金投资项目有:资源类,包括旅游景区、旅游地产、旅游交通、观光车、索道等项目;产品类,包括旅游演艺、主题公园、亲子乐园、旅游装备制造企业等;渠道类,包括在线旅游、旅游媒体、旅游交易平台等。

鼓励保险资金设立文化产业基金,既可以为保险资金提供更多更好的投资方向,又能为宁波文化产业发展提供大规模稳定的资金供给。

8 宁波文旅数字普惠金融发展

虽然宁波在文化与金融合作发展取得了一定的成绩,起到了示范引领作用,但距离国家文化与金融合作示范区建设目标还有较大的提升空间。文旅行业以中小企业为主体,从金融需求规模来看存在着"额小量大"问题,从金融供给时效来看存在着"短小频急"特点,因此,单纯依赖传统的金融机构和金融服务很难满足大量文旅中小企业的金融需求。大力发展文旅数字普惠金融就成为深化文化与金融合作发展的重要突破口。本章还是以宁波为分析重点,充分借鉴北京创建国家文化与金融合作示范区的成功经验,从顶层设计、制度创新和保障创新等方面分析宁波文旅数字普惠金融的发展路径。

8.1 北京创建国家文化与金融合作示范区的成功经验

8.1.1 政策引导与市场主体建设同步推进

2020 年 11 月 18 日,北京市《关于加快推进国家文化与金融合作示范区发展的若干措施》发布暨文化金融合作签约仪式在京召开。该文件明确提出建立文化企业贷款"白名单"管理制度、开展"监管沙盒"文化金融试点项目、实施"文菁人才"计划、增加文化金融专营机构等,共计 24 条措施。

中国人民银行营业管理部与东城区人民政府签署战略合作协议,携手推动文化与金融合作发展。东城区文化发展促进中心、东信创合(北京)投资管理有限公司、北京金财基金管理有限公司共同签署了东城区"文菁"文化+产业基金(一期)框架合作协议,设立总规模 10 亿元、首期规模 4 亿元的"文菁"文化+产业基金。中国银行与恒信东方文化股份有限公司、北京银行与北京猫眼文化传媒有限公司、杭州银行与北京爱酷游科技股份有限公司的文化金融项目签约,金融机构为文化企业授信 1.6 亿元。

2021 年 7 月,中国工商银行王府井金街支行、中国银行国华大厦支行、北京银行雍和文创支行挂牌成为国家文化与金融合作示范区支行,三家支行将为东城区文化企业带来更新的产品、更强的服务、更立体化的解决方案。这标志着经过 2020—2021 年的创建,北京市东城区基本建立了文化企业信用评级、文化信贷风险补偿、文化创业投资扶持引导、文化资产定价流转"四个体系",积极探索文化金融产品和服务、文化与金融合作模式"两个创新"。

8.1.2　顶层设计完善周全且可操作性强

北京《关于加快推进国家文化与金融合作示范区发展的若干措施》的政策中,主要包括以下内容。

在政策目标上,以习近平新时代中国特色社会主义思想为指导,全面贯彻落实党的十九大和十九届二中、三中、四中、五中全会精神,贯彻落实习近平总书记对北京重要讲话精神,立足首都城市战略定位,坚持新发展理念,聚焦全国文化中心建设,以体制机制创新为核心,以文化要素流通为手段,构建金融资本与文化资源有效对接的可复制、可推广长效机制,规范金融行为,防范金融风险,实现文化与金融合作健康发展,培育具有首都文化特点,引领示范全国的文化金融合作模式,为全国文化中心的文化产业发展引领区建设提供坚实支撑。

在创建思路上,聚焦金融支持文化产业发展这一目标和主线,针对风投、信贷、保险、债券、上市等融资渠道多元发力,提出加快推进文化企业天使投资税收与投资年限反向挂钩试点、建立文化企业贷款"白名单"管理制度、设立上市培育服务基地等,力求从文化与金融合作机制端打通路径,力促金融支持实体经济,推进文化产业高质量、可持续发展。

在空间规划上,北京将以前门地区为示范区、核心区与起步区,以北二环和建国门内大街两侧为依托作为文化金融科技创新区和文化金融服务拓展区,打造东直门国际金融生态城、永外城国际文化创意产业园、红桥文化产业集群、隆福文化中心等多组团区域,提升文化金融空间承载效能。

在保障措施上,加强统筹协调,完善政府、行业组织、企业共治共建机制;完善服务体系,进一步优化营商环境,为示范区企业提供全周期、全方位、全过程的服务,强化"紫金服务"品牌;强化任务落实,明确各项重点任务和政策举措的路线图、任务书与时间表;强化智库建设,培育文化产业与金融领域复合型高端人才,激发各类人才创造力。

8.1.3 对宁波的借鉴意义

第一,持续总结经验,持续引导宁波文化与金融合作的产品服务创新。借鉴农行文创支行发展经验,支持相关金融机构创建各类专业化营运总部性机构;与中国人民银行宁波市中心支行、宁波市银保监局、宁波市金融办等部门进行专项研究,逐步向全市合规金融机构放开文化信贷"风险池"和文旅企业"白名单"等业务;全面对接国家文化消费试点城市、国家保险创新综合试验区、普惠金融综合示范区等工作,鼓励各类金融机构创新金融产品服务,时机成熟则申请"监管沙盒"试点,切实提升文旅小微企业的金融可得性。

第二,强化顶层设计,积极推动宁波文化与金融合作的创新机制建设。由市政府领导牵头,积极协调全市的文化与金融合作工作,形成全市统筹的工作目标与实施计划。同时,各县(市、区)政府应密切对接示范区创建要求,确定县(市、区)建设任务,探索建立市县两级联动机制。

第三,加强智库建设,做好示范区创建经验的推广复制。依托相关智库研究建设"宁波文旅企业数据库",实现文旅企业信息与社保、法院等部门及金融行业信息的交流共享,为金融精准服务提供信息基础。支持相关智库、行业协会利用广播、电视、网络新媒体等多种手段,持之以恒、久久为功,加大对文化与金融合作的宣传力度,有效提升示范区创建的社会认知度。

8.2 卯榫模型:宁波文旅数字普惠金融模式创新研究

8.2.1 卯榫模型:宁波文旅数字普惠金融体系的基本思路分析

由于宁波文化产业以中小企业为主,需要金融支持的文旅企业数量大,但单个企业的需求额度小,金融需求主要满足中小企业的日常经营和管理,必然要求金融服务的响应快,期限、额度相对灵活,这对金融机构提出了较大的挑战。此外,从本质而言,文化与金融合作属于产业金融领域,需要金融业与实体经济的密切对接,因此宁波文旅数字普惠金融金融体系应该成为两大产业的卯眼和榫头,大力降低合作成本,实现两大产业的合作共赢,推动文化产业高质量发展。

因此,宁波文旅数字普惠金融体系建设的基本思路就是搭建文化与金融合作的卯榫结构,使金融业充分服务于文化产业的各个层面,在已有四大金融供给侧改革创新试点的基础上形成体制机制创新,针对文旅企业金融需求实际建设三大类专营金融机构,形成五大文旅金融产品服务创新链条,最后通过金融科技和监管科技实现应用创新。具体思路如图 8-1 所示。

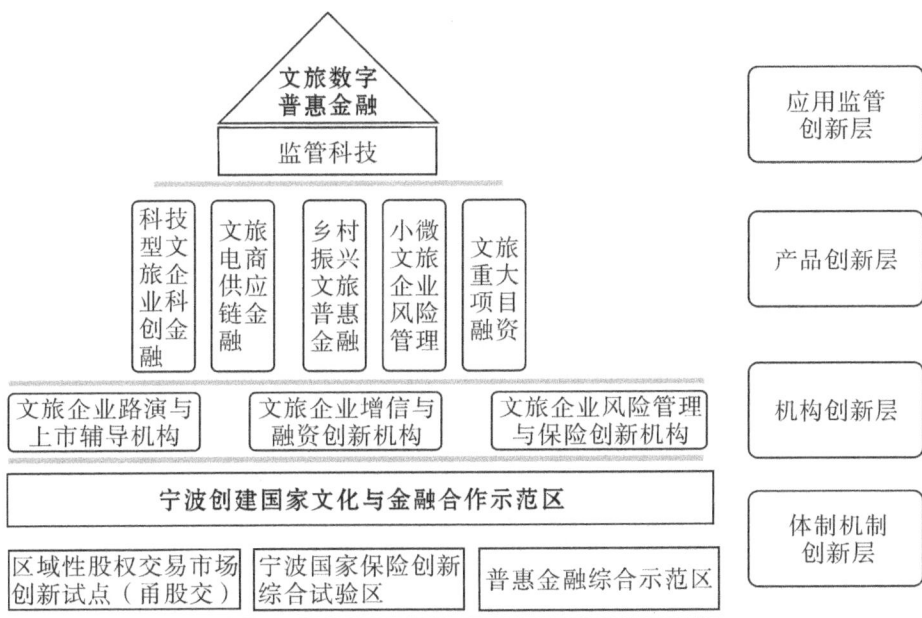

图 8-1　宁波文旅数字普惠金融体系建设的卯榫模型

8.2.2　文化与金融合作发展四大载体

第一,深化国家保险创新综合试验区建设。自 2016 年国务院正式批复同意宁波建设国家保险创新综合试验区以来,保险创新已经成为宁波金融发展的第一推动力。"十四五"期间,应深化综试区建设,围绕做大做强保险机构、提升保险服务文旅产业的动能和势能,不断完善保险业发展政策措施,营造更有益于文化保险发展的良好环境,高标准、高质量推进试验区建设,使之成为全国文化保险创新的样板。

第二，提升普惠金融综合示范区能级。2015 年，经中国人民银行批复同意，宁波成为国内首个普惠金融试点。经过不懈努力，宁波普惠金融综合示范区建设取得了显著成效。"十四五"期间，宁波应积极争取普惠示范区的转型升级，密切对接文化产业发展，以文旅数字普惠金融作为重点，推动普惠金融与实体经济的互动发展，为我国普惠金融发展闯出一条新路。

第三，优化区域性股权交易市场创新试点。依托区域性股权交易市场创新试点建设，特别是宁波股权交易中心文创板，丰富和优化文旅企业直接融资模式，鼓励文旅企业更多地借助多层次资本市场实现企业高速增长，为文旅企业发展提供更多的资本选择。

第四，大力推动国家文化与金融合作示范区创建工作。严格对照国家文化与金融合作示范区创建目标，梳理和总结宁波创建工作的先进经验和相关不足，借鉴北京等先进地区的创建经验，拓展文化与金融合作的深度。

8.2.3　三类营运总部机构

支持鼓励持牌金融机构创设服务文旅产业的专业化总部型营运机构，主要包括文旅中小企业增信与融资创新机构、文旅中小企业路演与上市辅导机构、文旅企业风险管理与保险创新机构。

8.2.3.1　文旅中小企业增信与融资创新机构

支持银行、保险等持牌金融机构面向宁波文旅企业创设以特色支行（特色支公司）、金融科技子公司为主体的专业化功能型总部机构。鼓励上述机构聚焦于文旅中小微企业，推动小额贷款保证保险、首台套（首批次）保险、人才银行等金融产品快速迭代升级，为合格小微企业实现信用升级，稳步推进信用贷款规模提升。

8.2.3.2　文旅中小企业路演与上市辅导机构

顺应国家多层次资本市场建设思路，深化实施"凤凰行动"，支持宁波股权交易中心、宁波金融资产管理股份有限公司等地方政策性金融服务机构，联合上海证交所、深圳证交所、券商、资本市场服务机构等国内外知名机构，创建各类文旅中小企业路演平台和企业兼并收购服务平台。鼓励高校、研究机构深入文旅企业调研上市并购意愿及其影响因素，鼓励行业协会、律师事务所、会所等机构举办各类上市辅导讲座，形成多层次上市辅导服务团队。

8.2.3.3　文旅企业风险管理与保险创新机构

深入推动宁波国家保险创新综合试验区建设,支持保险、保险中介以及专业风险管理机构组建各类文旅企业风险管理服务主体,承担互联网保险经纪人、企业整体风险管理方案提供商、企业大数据风险预警平台等职能定位,丰富企业风险管理手段,切实降低文旅企业风险负担。

8.2.4　五大产品体系

支持鼓励各类合规金融机构加强企业调研,研发垂直细分型企业金融产品,构建五大产品体系。

8.2.4.1　科技型文旅中小企业科创金融

"十四五"期间,面向全市上万家文旅企业,特别是创新型文旅初创企业,从五个层面构建科创金融产品体系。

第一,升级"创客保",鼓励保险机构面向文旅企业高管和研发人员定制医疗、重疾险、意外险以及定期寿险等团体型保障型产品,为被保险人提供高品质健康管理和国内外就医便利服务。

第二,拓展首台套(首批次)保险,探索首台套(首批次)保险与雇主责任险、营业中断险(利润损失险)等传统险种的组合创新,将承保范围拓展至软件服务业等现代服务业,如针对信息系统转换和升级迭代中可能出现的系统崩溃及其造成业主的经营损失,开发相应的保险产品。

第三,鼓励担保与保险合作,发挥政策性担保公司的政策优势,发挥保险公司的人员和资本优势,双方协同合作,为文创企业的研发投入提供信用贷款担保。一方面,可以考虑在小额贷款保证保险体系下由担保公司提供再担保;另一方面,可以考虑在已有担保关系中让保险公司作为反担保方参与其中,同时鼓励保险资金入股政策性担保公司,提升担保企业实力,进而提升企业获得信用贷款能力。

第四,积极争取发行文旅中小企业集合债,面向文化产业的优势中小企业在上交所、深交所、浙江金融资产交易中心等平台发行集合债,帮助企业去杠杆。

第五,鼓励文化产业基金发展。一方面,制定相关政策鼓励政府产业基金直投优势文旅企业,同时遵循"尽职免责"原则,对合理的投资失败具有一定的容忍度;另一方面,支持产业基金协助文旅企业制订创投计划,提高企业与创投机构谈判时的话语权。

8.2.4.2 文旅电商供应链金融

文旅电商是宁波文化产业转型发展的重要环节。文旅电商不仅具备一般电商业态"快进快出"的高频次交易模式，同时对其存货、物流、应收账款（应付账款）、短期存款等管理要求更为精准及时。因此，宁波要依托大企业、众包平台、专业市场、小微产业园等载体，引导电商平台与金融机构的信息流、物流和现金流实时对接，形成安全有序的文旅电商供应链金融体系。"十四五"期间，主要产品创新设想如下。

第一，引导和鼓励物流仓储企业、金融机构、电商平台等机构参与建设标准化仓库，仓库由参建方认可的独立第三方经营管理。

第二，鼓励文旅电商企业借助标准化仓库实现流动资产实时管理，在征得企业同意后，仓库基础性实时信息在参建方内实现共享。

第三，鼓励持牌金融机构为电商企业提供流动资产管理服务，主要包括流动资产实时交割与结算、动产抵押贷款、票据贴现、保理、仓储货运保险等。

8.2.4.3 乡村振兴文旅普惠金融

积极配合乡村振兴战略，认真梳理和总结宁波国家保险创新综合试验区和普惠金融综合示范区建设的经验。"十四五"期间，应面向农民、农业企业和农村社会治理进行文旅普惠金融创新，主要思路如下。

第一，升级都市旅游休闲金融产品体系。探索升级全域旅游综合保险项目。一方面，吸引产业基金、保险资金，整合宁波全域的生态农业、休闲乡村资源，构建以旅富农、以农促旅、农旅结合的乡村旅游发展新格局；另一方面，推动农业、工业、文化与金融等产业互相融合，推出富有旅游内涵的营销产品、路线、空间及场景，实现旅游产业融合发展。

第二，实现宁波乡村振兴普惠金融发展经验的复制推广。依托各大金融机构的全国性营运网络，支持宁波当地金融机构与对口帮扶地区金融机构加强合作，将宁波乡村振兴的保险创新和普惠金融创新产品进行复制推广，推动对口帮扶地区的经济发展。

8.2.4.4 文旅中小企业风险管理

宁波文旅中小企业的主体仍然集中于文化制造业、广告业、旅行社等传统领域，伴随着文旅产业园的加速建设，宁波应依托金融机构定期公布和更新合格文旅产业园名单,在"十四五"期间构建文旅中小企业金融服务平台,主要产品创新建议如下。

第一,鼓励银行、保险、第三方支付等大型金融机构对接文旅企业经营实际,联合企业财务软件公司,为文旅园区内企业提供低成本在线记账、结算支付、票据贴现等综合性服务,减少银行与文旅企业之间的信息不对称,降低企业金融服务成本。

第二,支持保险公司基于文旅中小企业财产保险等传统产品研发各类个性化附加险和特约条款,重点开发员工福利、产品研发、高管责任、企业责任等方面的保险创新产品。

第三,支持持牌金融机构联合小额贷款、保理、融资租赁、创投机构、产业基金等类金融机构研发两大类金融产品:文旅企业的财产风险、信用风险、责任风险、市场风险、国别风险等风险管控工具;文旅企业投融资急需的市场调研、现金管理、负债管理、研发投入等财务决策工具。

8.2.4.5　文旅重大项目融资

"十四五"期间,宁波将围绕文化产业中的重点产业进行大规模、高强度的重大项目投资,在现有强监管的背景下,地方融资平台压力进一步上升,有必要进行产品创新,主要思路如下。

第一,下大力气引进金融保险资管法人机构,鼓励在甬金融法人机构发起设立资管法人机构,与国内知名资管机构建立宁波文旅重大项目名单共享机制,让机构及时深入了解宁波文旅产业需求。

第二,加大保险资金、产业基金引入力度,支持金融机构开发以宁波文旅重大项目建设为底层资产标的的理财、信托、保险、债券等金融产品。

第三,坚持金融对外开放,与国内知名再保险机构研究探讨文旅保险合作基金、宁波文旅领域巨灾保险的可行性,让全球资本为宁波文旅产业发展提供另类风险保障和融资支持。

8.2.5　两大创新业态

支持金融科技和监管科技两大创新业态发展,为地方金融支持文旅产业提供发展推进器和风险防火墙。

8.2.5.1　文旅金融科技

根据金融稳定理事会(FSB)的界定,金融科技是技术驱动的金融创新。金融科技已经成为推动金融转型升级的新引擎、金融服务实体经济的新途径、促进普惠金融发展的新机遇、防范化解金融风险的新利器。"十四五"期间,宁波应加快文旅金融科技产业布局,明确发展方向,提升文旅金融科技产出能级。

第一,合理规划文旅金融科技布局。依托国际金融中心、保险科技产业园、各类金融小镇引进金融科技、保险科技等总部机构,支持各县(市、区)围绕当地文旅产业发展实际引进和培育产融对接文旅金融科技企业。

第二,守住金融科技政策红线。宁波金融监管部门应加紧政策制定,确定宁波文化金融科技发展的政策红线,坚持金融科技的金融属性,强化金融科技的穿透式监管,加强行业自律,对违法违规机构在注册、经营过程中实施一票否决,坚决堵住借文旅金融科技之名行非法集资、非法吸储之实的金融犯罪漏洞。

第三,支持文旅金融科技企业合规发展。支持在甬金融保险机构通过设立子公司、创设专业化功能总部等形式发展文旅金融科技。鼓励各类金融科技机构为宁波文旅中小企业提供组合型金融产品服务,满足企业在风险管理、投融资等不同层面的金融需求。政府对取得明显社会效益和经济效益的金融科技机构进行必要的政策扶持。

8.2.5.2　监管科技

目前,我国已初步确立了中央为主、地方为辅的双层金融监管体制,地方政府的监管对象主要包括"7+4"类金融机构[①]。在金融科技蓬勃发展的背景下,地方金融监管出现了监管规则缺失、监管力量薄弱、监管手段不足、风险处置协同机制有待完善等难题。"十四五"期间,宁波应重点支持文旅监管科技业态创新,为全国的文旅金融监管制度建设提供"宁波实践"。

第一,总结"天罗地网"建设经验,形成地方金融监管标准流程。在处置

---

① 根据 2017 年第五次全国金融工作会议精神,地方政府监管对象主要包括"7+4"类金融机构:7 类机构指小额贷款公司、融资担保公司、区域性股权市场、典当行、融资租赁公司、商业保理公司、地方资产管理公司,4 类机构指辖区内投资公司、农民专业合作社、社会众筹机构、地方各类交易所。

非法集资过程中,宁波创造性地构建了"天罗地网"系统,运行以来成效显著,已经成为国内领先的金融风险防控体系。在"天罗地网"系统建设中,主要经验包括:一是坚持制度先行,依据各部门职能分工,将风险处置流程化、标准化,明确任务、压实责任;二是坚持大数据驱动的金融行为监管,将线上和线下数据进行有机整合,实现穿透式监管。因此,宁波应借鉴"天罗地网"建设经验,认真研究各类金融业态的发展规律,从金融行为监管着手,构建地方金融监管标准化流程,辅之以线上线下风险防控体系建设,从根本上规范类金融机构经营活动,增强地方金融监管部门的技术能力。

第二,联合国家权威技术平台,制定监管级网络安全标准。网络安全是关系到监管科技发展成败的重要基础设施,宁波应加强与国家互联网应急中心等权威技术平台的合作,率先开展监管级网络安全标准制定,为地方金融监管的网络安全提供国家标准。主要工作包括:一是制定金融信息系统定级备案和等级测试标准,要求金融机构按标准建立防火墙、入侵检测、数据加密以及灾难恢复等网络安全设施和管理制度,并能够做到定期检查监督;二是制定技术风险防控标准,要求金融机构在数据信息真实性验证、第三方签名、电子认证等技术应用过程中达到或高于国家标准;三是建立数据安全标准,由于监管机构和金融机构收集的信息涉及个人隐私和金融机构商业秘密,需要建立严格且规范的数据使用机制、加密机制和脱敏机制。

第三,坚持顶层设计,建立跨平台数据集成共享机制。监管科技的发展根基是金融及其相关数据的集成共享,目前金融领域的信息孤岛现象还比较突出,因此有必要建立数据集成共享机制。主要工作包括:一是梳理数据源,对已有数据源进行全方位的评估和梳理,确保数据来源的广泛性和可靠性;二是建立数据收集系统,对类金融机构的持续运营能力和风险控制能力进行信息自动收集分析。

8.3 监管沙盒:疫情防控常态化下文化金融产品服务创新保障机制研究

8.3.1 建设背景与意义

近年来,宁波文旅产业发展迅猛。以旅游业为例,旅游总收入从 2016 年的 1 446 亿元大幅攀升至 2019 年的 2 339 亿元，年均增长率接近 15%。但 2019 年末新冠肺炎疫情爆发以来，宁波文旅产业发展遭受了重大影响，企业经营普遍困难，急需金融支撑。

这一现实问题更加折射出文化与金融合作创新的重要性，同时也要清醒地认识到，单纯依靠现有的传统金融机构和金融手段并不能很好地匹配众多文旅中小微企业的发展需求。宁波要在文化金融发展中为全国做样板，就必须考虑发展文旅数字普惠金融。宁波应该充分发挥创建文化与金融合作示范区的政策先机，因势利导，推动金融科技发展，并借助大数据、物联网、云计算、区块链等现代信息技术推动文化与金融的深度融合。

在发展文化金融科技中，国家有关部委可以考虑在宁波设立"文化金融创新监管沙盒"，在保证不发生区域系统性风险的前提下，为宁波创建文化与金融合作示范区提供灵活强大的政策驱动力，为其他地区的文化与金融合作发展提供必要的制度创新示范。

8.3.2 金融科技监管沙盒的国内外经验比较

为了形成有效灵活的金融科技监管框架，英国金融业务监理局（Financial Conduct Authority）最先提出了"监管沙盒"（regulatory sandbox）的概念。沙盒或称沙箱（sandbox），原意是指在开发软件过程中所建立的一个与外界隔绝的测试环境，工程师会在沙盒内放置软件测试其功能。如果该功能出现安全问题，由于测试环境与外界隔绝，从而可以在不危及系统安全的情况下快速消除不利影响。监管沙盒指的则是在经过监管部门认可的空间区域内，金融机构或初创企业能够在较为宽松的监管环境下实验其技术与商业模式，如果实验失败，企业不必承担监管责任。除了英国拥有相关监管沙盒制度外，印度、新加坡、澳大利亚等国家也纷纷建立了自己的监管沙盒制度。

以英国为例，截至 2019 年底已经进行了 5 轮测试。前 4 轮测试已经完成，共收到 276 份申请，86 家公司被允许进入沙盒测试。第 5 轮测试于 2019 年 4 月 29 日开始，截至 2019 年末已有 29 家公司被允许参与测试，已被接受的提议方案包括数字身份认证、金融工具发行虚拟平台以及为弱势消费者提供更多金融服务等。金融行为监管局与每个测试主体紧密合作，商定测试参数并建立合理的消费者保护机制。

2017 年,我国一些地区已经开始试点探索监管沙盒。2017 年 7 月推出的赣州区块链金融产业沙盒园是我国首个监管沙盒试点实践,随后,杭州、深圳等地相继试点。这些监管沙盒探索主要是应用区块链技术进行信息的存证、溯源以及互联网金融风险的监测工作,存在以下共同的问题:一是未把监管创新作为首要目标,多为地方政府对金融科技创新的激励手段,监管机构与企业的联系疏散;二是创新主体缺乏能动性,依赖于产业园内的扶持引导政策,与研发激励目标矛盾;三是金融科技创新产品研发成果普遍具有同质性,多地之间各自为战使得核心技术攻克难关。

2019 年 7 月,中国人民银行表示将同相关部委在北京、上海、广东等 10 个省市开展金融科技应用的试点,呼唤新的监管形式。同年 12 月,北京率先开展监管沙盒试点工作。2020 年 1 月 14 日,北京市地方金融监督管理局发布首批监管沙盒测试项目,测试期限自 2020 年 1 月开始到 3 月结束。申请该批沙盒测试的金融科技应用项目共有 46 个,最终成功批准入选的仅 6 个项目,通过率只有 13％。申请通过的项目主要集中于大数据、人工智能和应用程序接口等技术。

可以看出,国外监管沙盒多是自上而下的监管创新,而国内相关试点主要是从地方开始,缺乏宏观政策指导。但随着我国开展金融科技应用试点,监管沙盒创新已经获得了金融监管部门的重视和认可。未来宁波如果创建文化金融监管沙盒,必须获得行业主管部门的认可,努力使自己进入"国家队"。

8.3.3 文化金融创新监管沙盒建设思路

借鉴英国、新加坡的"监管沙盒"建设经验,宁波文化金融创新监管沙盒应从制度框架、准入条件、展期和退出机制等层面梳理建设思路。

8.3.3.1 制度框架

第一,宏观监管。在宁波市委、市政府的支持下,深入学习和领会创建国家文化与金融合作示范区的政策精神,组建研究小组,重点研究文化金融创新监管沙盒的监管政策配置问题,通过制定"文化金融创新监管沙盒指引"为沙盒平台建设奠定监管合规基础。

第二,地方管理。积极对接宁波市地方行业管理部门和国家金融监管部门,结合特色文旅园区已有财税政策和招商引资政策,利用园区行政管理灵活高效的特点,面向有资格进入监管沙盒的文化金融科技企业制定特色化、定制化的引导性扶持政策。

第三,行业自律。加强与文化金融行业团体的合作,以行业自律的形式对相关企业或业务进行规范化和标准化,逐步形成可复制、可推广的行业标准,必要时成立"中国文化金融科技行业协会",协调制定"中国文化金融科技创新行业指引"。

8.3.3.2 准入条件

第一,申请企业类型。可以申请入驻监管沙盒的企业主要包括两类:一类是合规以文旅产业为主要服务对象的特色型金融机构,例如银行、创投机构、保险公司、金融中介等;另一类是文化金融科技初创企业,这些企业不一定具有金融牌照。

第二,准入门槛。申请企业应提供充分信息来证明其所研发的新技术或新商业模式可以同时达到如下标准:一是企业提供的文化金融服务应用了新科技或者对已有技术实现了创新型应用,例如,企业可以说明当前市场还没有或很少有类似的企业;二是企业提供的金融服务可以为文旅行业或文旅消费者解决问题或者带来了较为显著的利益;三是企业在技术或商业模式成熟后有意愿也有能力应用于宁波或者更广阔的区域;四是企业应对技术实验或应用的后果有较为清晰的认识,同时也会按照事先约定定期或不定期向监管部门报告进展情况;五是企业应对文化金融服务的边界有明确的定义,同时对消费者保护、保证所服务行业的安全有实质性的安排;六是企业应对文化金融服务可能产生的风险有充分的评估,并建立必要的风险管控机制;七是企业应制定退出或转型规划,以应对可能出现的服务无法持续,或者成熟后扩大应用范围等情形。

第三,负面清单。下列企业不能进入监管沙盒:一是申请企业进入监管沙盒的目的是试图规避监管;二是申请企业以及所提供的服务在市场上具有同质性;三是企业没有进行必要的尽职调查,无法满足必要的准入标准。

第四,监管政策。每家企业在进入监管沙盒之前都需要与监管部门进行协商,确定必要的监管要求(监管红线)以及可以适度放宽的监管内容(宽松要求)。监管红线一般包括:确保消费者个人信息的保密性、企业经营诚实守信、客户货币或资产有独立第三方托管、符合反洗钱和反暴恐要求。这些要求不能突破,一旦突破服务则立即中止,企业将需要整顿。宽松要求主要包括:资产规模、董事会构成、信用评级、管理经验、最低清偿能力、外包风险评估等。上述要求可以参照企业和服务属性给予适当放宽。

8.3.3.3 展期和退出机制

如果监管部门与入驻企业对服务效果都较为满意,且服务具备了较大的市场空间,企业可以退出监管沙盒。当然,企业的相关技术实验还需要进一步实施,也可以申请展期。

在下列条件下,企业应终止服务并退出沙盒:一是监管部门对技术创新的效果不满意,或者认为无法达到预期;二是企业无法充分满足监管要求,或者在运行过程中违反了监管要求;三是在实验过程中发现了无法克服的问题,足以导致较大风险后果;四是企业自愿终止服务并退出。

8.3.4 保障措施

8.3.4.1 加强组织领导

在市级层面组建"文化金融创新监管沙盒"建设领导小组,由地方行业主管部门负责人担任小组组长,全面负责沙盒建设。小组积极对接国家行业主管部门和金融监管部门,协调制定"文化金融创新监管沙盒建设指引",明确监管目标。小组具体指导沙盒的实体场所建设,制定考核、评估工作计划。

8.3.4.2 加大政策扶持

支持文化金融科技企业在宁波注册登记,只要通过股东背景、商业模式、风控机制、技术研发等方面综合认定,则允许其在工商登记名称和经营范围中使用"文化科技"或"文化金融科技"等相关字样(需由国家金融监管部门核准的金融核心业务除外)。加大用地支持,加大沙盒建设的用地保障,享受用地优惠。丰富财政支持方式,经认定的文化金融科技企业按规定实现税收减免,优先获得政府引导创投基金的领投和跟投。

8.3.4.3 优化外部环境

加大消费者和投资者保护力度,有关部门与相关行政执法部门积极合作、紧密配合,依法开展消费者和投资者权益保护工作,严厉打击非法集资、金融诈骗等犯罪行为,建立行业"黑名单"制度,定期或不定期在主流媒体公布违法违规企业情况。加强网络与信息安全保障,相关企业要严格遵守网络安全、支付安全方面的监管制度、技术安全标准,妥善保管客户资料和交易信息，不得非法买卖、泄露客户个人信息，切实保障网络与信息安全。提升从业人员素养，积极鼓励有关行业协会与国内外培训机构合作开展职业道德教育、专业技能培训，建议企业明确上岗资格，建立行业内从业人员"黑名单"禁入制度，有效提升从业人员的整体素养。

8.4　文旅从业人员普惠保险：示范区人才保障机制创新研究

8.4.1　建设背景

8.4.1.1　文化与金融合作示范区创建中急需文旅人才风险保障创新

宁波文旅企业发展的基石在于从业人员规模与素质的双提升，如何保证文旅各层次人才"引得进、留得下、发展好"，已经成为文化与金融合作发展的重要组成部分。通过调研发现，宁波文旅从业人员的风险和保险意识相对不足，呈现出两个基本特点：一是"身在险中不知险"，受访者对于人身意外、重大疾病以及健康医疗等风险认知不足，倾向于高估自身的抗风险能力；二是"身在保中不知保"，一些受访者对于保险已经有了基本的需求，市面上也有了相应的保险产品，但是受访者不知道该怎么投保，使得需求并没有得到保险公司的有效匹配。因此，在示范区创建中，政府有必要推动文旅从业人员风险保障创新，为其解除风险上的后顾之忧，让宁波成为文旅人才施展才华的广阔舞台。

8.4.1.2　国家保险创新综合试验区建设中普惠保险创新已取得显著成效

2016 年宁波获批国家保险创新综合试验区以来，各类普惠保险创新应运而生，取得了丰硕的成果。以"宁波职工普惠保险平台"为例，该平台是宁波市总工会为宁波 300 多万名工会职工打造的自主购买优质保险产品的服务通道。旨在通过保险服务供给方式的创新，压缩保险销售成本、提升服务品质来促进职工第三支柱保障体系完善，让广大职工分享保险创新的成果。目前，该平台已经上线了人身意外伤害保险、医疗保险、重大疾病保险等三大类保险产品，其中创新产品"宁波医保账户指定重大疾病保险"因费率低廉、保障合理受到投保人的广泛欢迎。同时，平台还组建了志愿者队伍，通过"进企业、进工会、进机关"活动，让职工"学保险、懂保险、用保险"，完善职工家庭风险保障体系。从已有的普惠保险创新成果来看，宁波有关保险公司完全有能力组建专营机构,研发专门针对各层次文旅人才的普惠型保险产品,为全市各类文旅企业提供专业化投保服务。

8.4.1.3 疫情之下,宁波应率先落地文旅从业人员普惠保险创新平台

新冠肺炎疫情防控中,文旅企业首当其冲,景区封闭、影院关门、会展暂停、文旅活动取消,众多文旅企业经营困难,经济损失难以估量,极易造成从业人员流失。因此,宁波应率先落地文旅从业人员普惠保险创新平台,在已有成熟产品基础上逐步叠加与疫情相关的创业保险等创新险种,稳住文旅从业人员的基本生活,稳住文旅从业企业的风险承受能力,从而稳住文旅产业人才队伍的建设成果。

8.4.2 筹建目标

8.4.2.1 创设国内首家专业性文旅从业人员普惠保险机构

支持宁波优势保险公司积极对接创建国家文化与金融合作示范区的工作要求,在宁波分公司层级下设立"文旅从业人员普惠保险业务部"。该业务部将积极接受宁波市文化广电旅游局和宁波市金融办的业务指导,在监管合规的前提下,依据示范区建设要求,联合市内外科研院所创新研发适应于宁波文旅产业发展实际的从业人员保险产品。

8.4.2.2 构建全产业链化的文旅从业人员普惠保险产品体系

第一,优化已有普惠保险产品。在已有的宁波医保账户指定重大疾病保险等普惠险种的基础上,放宽健康告知要求,提升保险金额档次,增加保险责任,简化投保流程。

第二,研发宁波特色的保障型文旅人才保险产品。积极配合总公司业务创新,争取在宁波市民政局和宁波市文化广电旅游局的支持下,面向文旅从业人员开展"费率可调整的长期医疗险"试点。

第三,拓展保险产品的应用场景创新。近期应围绕"后疫情"时期文旅产业发展的基本特点,将普惠保险应用于"精准扶贫"和"精准救助",加大对困难文旅企业从业人员的帮扶力度。

8.4.2.3 打造全天候多层次的文旅从业人员普惠保险服务平台

认真借鉴"宁波职工普惠保险平台"线上和线下的建设成功经验,一方面,借助人工智能、大数据、区块链等现代信息技术构建线上投保平台,同时

增加一定的教育和宣传职能,让文旅从业人员足不出户就能获得可靠、丰富的投保信息;另一方面,组建一支专业水准高、服务意识强的志愿者团队,为各类文旅从业人员提供个性化的风险保障方案。同时,进一步将线上和线下进行有机整合,为文旅人才提供全天候多层次服务。

8.4.3 保障措施

8.4.3.1 宁波市文化广电旅游局应加强指导

宁波市文化广电旅游局应加强与保险机构的沟通交流,做好示范区创建的宣传和引导工作。同时,宁波市文化广电旅游局还应与宁波市委宣传部、市金融办、市民政局等党政部门以及金融监管部门做好协调工作,为业务部的顺利筹建和运营提供必要的政策支持。

8.4.3.2 尽快组建"业务部"筹备小组

筹备小组实行双组长制,分别由宁波市文化广电旅游局相关处室负责人和保险机构负责人担任。小组设产品创新、服务创新、志愿者教育培训等若干执行团队,全程参与业务部创建工作。业务部筹备完毕后,各小组可以立即转入业务实施环节。

8.4.3.3 做好志愿者队伍的组建和培训工作

筹备小组应委派专人负责志愿者队伍的招募。同时,应借鉴和利用现代化教育培训工具,加强志愿者的培训工作,将志愿者打造成为介绍示范区创建成绩、推广文旅人才普惠保险的流动宣传阵地。

参考文献

[1] Beck T,Bemirguc-Kunt A. Small and medium-size enterprises：Access to finance as a growth constraint[J]. Journal of Banking & Finance，2016(11)：2931-2943.

[2] Bellandi M,Caloffi A. An analysis of regional policies promoting networks for innovation[J]. European planning studies,2010(1)：67-82.

[3] UNESCO,CISAC & E Y. Cultural times：The first global map of culturaland creative industries[EB/OL]. [2021-05-01]. www. unesco. org/new/fileadmin/ MULTIMEDIA/HQ/ERI/pdf/EY-Cultural-Times2015_Low-res. pdf.

[4] 艾亚. 北京银行开拓"文化金融"之路[J]. 国际融资,2013(2)：17-19.

[5] 边璐,王晓贺. 文化产业融资问题研究综述[J]. 时代经贸,2017(34)： 8-10.

[6] 渤海产业投资基金课题组. 渤海产业投资基金与中国转型期金融创新 [J]. 南开经济研究,2007(5)：144-152.

[7] 陈波. 中国文化产业发展之路[M]. 北京：经济科学出版社,2020.

[8] 陈娴颖. 中国产业园区治理模式研究[M]. 北京：社会科学出版社,2016.

[9] 陈孝明. 国内文化产业融资问题研究综述[J]. 科技和产业,2013(9)： 13-19.

[10] 戴炜. 我国商业银行开展文化金融面临的问题及对策[J]. 金融经济, 2017(12)：95-97.

[11] 杜运周,贾良定. 组态视角与定性比较分析(QCA)：管理学研究的一条 新道路[J]. 管理世界,2017(6)：155-167.

[12] 段桂鉴. 加快文化金融服务创新[J]. 中国党政干部论坛,2011(10)： 25-28.

[13] 段桂鉴. 以版权价值为核心 推进文化金融创新[J]. 中国版权,2010 (4)：35-37.

[14] 高旸.文化产业融资解析[J].财会通讯,2010(32):20-21.

[15] 耿同劲.文化产业融资:从文化企业到文化产业供应链[J].东北财经大学学报,2013(2):64-69.

[16] 顾江,张苏秋,张容.改善发展环境促进南京文化金融健康发展[J].唯实,2014(6):32-35.

[17] 顾江.高质量文化产业研究[M].江苏:南京大学出版社,2020.

[18] 胡秋阳.投入产出分析[M].北京:清华大学出版社,2019.

[19] 纪建悦,鲁志水,燕欣春.我国文化产业融资机制问题的探讨[J].金融理论与教学,2006(4):1-3.

[20] 李培元,魏亚平.基于新型文化产业视角的直接融资模式研究[J].山西财经大学学报,2008(S2):66,154.

[21] 李思屈.中国文化产业政策研究[M].浙江:浙江大学出版社,2012.

[22] 李勇辉,刘卫江."文化创意＋"金融业融合发展[M].北京:知识产权出版社,2019.

[23] 廖继胜,刘志虹,郑也夫.文化制造业的科技金融支持效率及其影响因素研究:基于长江经济带省际面板数据[J].江西社会科学,2019(10):37-49.

[24] 刘克,张琦.文化产业与科技、金融融合发展[M].北京:经济管理出版社,2020.

[25] 刘永春,付启元.新型业态视域下的文化跨界融合发展研究:以江苏为例[J].南京社会科学,2019(3):136-141,156.

[26] 刘友芝.我国文化企业的多层次直接融资模式探析[J].浙江大学学报(人文社会科学版),2015(3):125-33.

[27] 罗春燕,张品一,等.基于DEA方法的文化金融产业融资效率研究[J].统计与决策,2016(23):107-109.

[28] 吕淑丽,邵君婷.文化产业投融资文献综述与研究展望[J].当代经济管理,2020(2):66-69.

[29] 马丁·冯,彼得·杨.公共部门风险管理[M].陈通,译.天津:天津大学出版社,2013.

[30] 宁波市文化广电旅游局.推进文化与金融合作助力文旅产业高质量发展:浙江省宁波市争创国家文化与金融合作示范区见实效[N].中国旅

游报,2020-01-27.

[31] 欧阳友权.文化产业概论[M].湖南:湖南人民出版社,2007.

[32] 戚骥.支持国有文化企业发展的财经政策探析[J].中国出版,2020(14):27-31.

[33] 上海市文化广播影视管理局课题组.日韩文化与金融融合发展经验及其对上海的启示[J].科学发展,2014(10):96-102.

[34] 石曦.金融创新支持文创产业融资的机制与对策:以杭州市为例[J].中国经贸导刊,2015(8):29-32.

[35] 史宁,夏爽,蒋洪江,等.浅析构建黑龙江省文化金融体系的金融支持政策[J].商业经济,2019(3):18-19,36.

[36] 苏米尔.文化产业资产证券化的国内外经验及启示[J].华北金融,2014(9):47-49,58.

[37] 孙彤,侯璐,齐庆祝.国内文化产业融资环境的评价[J].统计与决策,2012(12):49-52.

[38] 谭震.我国文化产业融资方式的创新研究[J].现代管理科学,2003(9):54-55.

[39] 万晓芳.商业银行文化金融创新[J].中国金融,2015(10):35-37.

[40] 王琳.天津城市文化产业的结构创新与文化金融创新[J].城市,2010(6):73-76.

[41] 王宇琼.电影产业投融资机制创新的模式研究[J].当代电影,2014(9):99-104.

[42] 吴有红.我国文化产业融资体系创新探析[J].中国投资,2012(5):110-112.

[43] 西沐.小微文化金融及其创新发展战略[J].北京联合大学学报(人文社会科学版),2015(1):44-52.

[44] 熊正德,丁露,万军.文化产业上市公司股权融资效率测度及提升策略:以《倍增计划》为视角[J].经济管理,2014(8):109-116.

[45] 徐菱涓,丁陆梅,董凯豪.国内外文化创意产业融资模式差异及其成因探析:基于中美日的比较研究[J].文化产业研究,2019(3):158-171.

[46] 闫冰竹.全力打造特色鲜明文化金融品牌[J].中国金融家,2013(7):30-32.

[47] 杨涛,金巍.中国文化金融发展报告(2017)[M].北京:社会科学文献出版社,2017.

[48] 杨涛,金巍.中国文化金融发展报告(2018)[M].北京:社会科学文献出版社,2018.

[49] 杨涛,金巍.中国文化金融发展报告(2019)[M].北京:社会科学文献出版社,2019.

[50] 杨涛,金巍.中国文化金融发展报告(2020)[M].北京:社会科学文献出版社,2020.

[51] 杨兆廷.雄安新区绿色金融和文化金融[J].甘肃社会科学,2019(2):72-78.

[52] 殷瑜.江苏文化产业金融支持政策研究:以南京文化金融中心为例[J].文化产业研究,2015(1):159-167.

[53] 袁丹,詹绍文.政府补助,金融支持与丝绸之路经济带文化旅游业上市公司效率[J].华东经济管理,2019(6):80-85.

[54] 詹宏海.知识产权贸易[M].上海:上海大学出版社,2009.

[55] 张洪生,金巍.中国文化金融合作与创新[M].北京:中国传媒大学出版社,2015.

[56] 张辉.江苏省文化金融的实践与思考[J].金融纵横,2013(11):93-98.

[57] 张培奇.1999年以来我国文化产业投融资研究综述:基于 CNKI(1999—2011)的分析[J].南方论刊,2012(9):4.

[58] 张苏秋,顾江.文化产业区域性股权市场与小微文化创意企业融资分析[J].南京社会科学,2015(8):53-58.

[59] 章金萍,李兵.我国文化产业保险支持的供需分析与对策引导[J].保险研究,2012(7):68-74.

[60] 赵尔奎.文化产业发展典型案例解析[M].西安:西安交通大学出版社,2020.

[61] 赵倩,杨秀云,雷原.关于文化金融体系建设几个问题的思考[J].经济问题探索,2014(10):168-174.

[62] 郑棣,冯结兰.发达国家文化金融发展路径研究[J].中华文化论坛,2014(7):172-177.

[63] 中国人民银行金华市中心支行课题组.金融支持文化产业发展的政策

措施研究:以金华为例[J].浙江金融,2012(1):29-33.

[64] 周永根.文化创意产业的经济效应[M].北京:中国纺织出版社,2017.

[65] 朱佳俊.文化产业与金融服务耦合机制研究:以无锡市为例[J].江南论坛,2019(11):18-20.

[66] 朱相远.积极发展文化金融产业[J].北京观察,2012(1):24-25.

附　录

附录1　文化及相关产业分类及其与国民经济分类对应表

文化及相关产业			国民经济分类		文化产业分类与国民经济分类的对应关系
大类	小类	小类名称	小类	三产划分	
文化核心领域	110	新闻业	8610	3	全部对应
	120	报纸出版	8622	3	全部对应
	131	广播	8710	3	全部对应
	132	电视	8720	3	全部对应
	133	广播电视集成播控	8740	3	全部对应
	141	互联网搜索服务	6421	3	全部对应
	142	互联网其他信息服务	6429	3	全部对应
	211	图书出版	8621	3	全部对应
	212	期刊出版	8623	3	全部对应
	213	音像制品出版	8624	3	全部对应
	214	电子出版物出版	8625	3	全部对应
	215	数字出版	8626	3	全部对应
	216	其他出版业	8629	3	全部对应
	221	影视节目制作	8730	3	全部对应
	222	录音制作	8770	3	全部对应
	231	文艺创作与表演	8810	3	全部对应
	232	群众文体活动	8870	3	全部对应
	233	其他文化艺术业	8890	3	全部对应
	241	动漫、游戏数字内容服务	6572	3	全部对应

（续表）

文化及相关产业			国民经济分类		文化产业分类与国民经济分类的对应关系
大类	小类	小类名称	小类	三产划分	
	242	互联网游戏服务	6422	3	全部对应
	243	多媒体、游戏动漫和数字出版软件开发	6513	3	部分对应
	244	增值电信文化服务	6319	3	部分对应
	245	其他文化数字内容服务	6579	3	部分对应
	251	图书馆	8831	3	全部对应
	252	档案馆	8832	3	全部对应
	253	文物及非物质文化遗产保护	8840	3	全部对应
	254	博物馆	8850	3	全部对应
	255	烈士陵园、纪念馆	8860	3	全部对应
文化核心领域	261	雕塑工艺品制造	2431	2	全部对应
	262	金属工艺品制造	2432	2	全部对应
	263	漆器工艺品制造	2433	2	全部对应
	264	花画工艺品制造	2434	2	全部对应
	265	天然植物纤维编织工艺品制造	2435	2	全部对应
	266	抽纱刺绣工艺品制造	2436	2	全部对应
	267	地毯、挂毯制造	2437	2	全部对应
	268	珠宝首饰及有关物品制造	2438	2	全部对应
	269	其他工艺美术及礼仪用品制造	2439	2	全部对应
	271	陈设艺术陶瓷制造	3075	2	全部对应
	272	园艺陶瓷制造	3076	2	全部对应
	311	互联网广告服务	7251	3	全部对应
	312	其他广告服务	7259	3	全部对应
	321	建筑设计服务	7484	3	部分对应
	322	工业设计服务	7491	3	全部对应

（续表）

文化及相关产业			国民经济分类		文化产业分类与国民经济分类的对应关系
大类	小类	小类名称	小类	三产划分	
文化核心领域	323	专业设计服务	7492	3	全部对应
	411	图书批发	5143	3	全部对应
	412	报刊批发	5144	3	全部对应
	413	音像制品、电子和数字出版物批发	5145	3	全部对应
	414	图书、报刊零售	5243	3	全部对应
	415	音像制品、电子和数字出版物零售	5244	3	全部对应
	416	图书出租	7124	3	全部对应
	417	音像制品出租	7125	3	全部对应
	421	有线广播电视传输服务	6321	3	全部对应
	422	无线广播电视传输服务	6322	3	全部对应
	423	广播电视卫星传输服务	6331	3	全部对应
	431	电影和广播电视节目发行	8750	3	全部对应
	432	电影放映	8760	3	全部对应
	440	艺术表演场馆	8820	3	全部对应
	450	互联网文化娱乐平台	6432	3	部分对应
	461	艺术品、收藏品拍卖	5183	3	全部对应
	462	艺术品代理	5184	3	全部对应
	471	首饰、工艺品及收藏品批发	5146	3	全部对应
	472	珠宝首饰零售	5245	3	全部对应
	473	工艺美术品及收藏品零售	5246	3	全部对应
	510	文化投资与资产管理	7212	3	部分对应
	521	文化企业总部管理	7211	3	部分对应
	522	文化产业园区管理	7221	3	部分对应
	611	歌舞厅娱乐活动	9011	3	全部对应
	612	电子游艺厅娱乐活动	9012	3	全部对应

（续表）

文化及相关产业			国民经济分类		文化产业分类 与国民经济分 类的对应关系
大类	小类	小类名称	小类	三产划分	
	613	网吧活动	9013	3	全部对应
	614	其他室内娱乐活动	9019	3	全部对应
	615	游乐园	9020	3	全部对应
	616	其他娱乐业	9090	3	全部对应
	621	城市公园管理	7850	3	全部对应
文化 核心 领域	622	名胜风景区管理	7861	3	全部对应
	623	森林公园管理	7862	3	全部对应
	624	其他游览景区管理	7869	3	全部对应
	625	自然遗迹保护管理	7712	3	全部对应
	626	动物园、水族馆管理服务	7715	3	全部对应
	627	植物园管理服务	7716	3	全部对应
	631	休闲观光活动	9030	3	全部对应
	632	观光游览航空服务	5622	3	全部对应
	711	文化用机制纸及纸板制造	2221	2	部分对应
	712	手工纸制造	2222	2	全部对应
	713	油墨及类似产品制造	2642	2	全部对应
	714	工艺美术颜料制造	2644	2	全部对应
	715	文化用信息化学品制造	2664	2	全部对应
	721	书、报刊印刷	2311	2	全部对应
文化 相关 领域	722	本册印制	2312	2	全部对应
	723	包装装潢及其他印刷	2319	2	全部对应
	724	装订及印刷相关服务	2320	2	全部对应
	725	记录媒介复制	2330	2	全部对应
	726	摄影扩印服务	8060	3	全部对应
	730	版权和文化软件服务	7520	3	部分对应
	740	会议、展览及相关服务	7281	3	全部对应
	740	会议、展览及相关服务	7282	3	全部对应

（续表）

文化及相关产业			国民经济分类		文化产业分类与国民经济分类的对应关系
大类	小类	小类名称	小类	三产划分	
	740	会议、展览及相关服务	7283	3	全部对应
	740	会议、展览及相关服务	7284	3	全部对应
	740	会议、展览及相关服务	7289	3	全部对应
	751	文化活动服务	9051	3	全部对应
	752	文化娱乐经纪人	9053	3	全部对应
	753	其他文化艺术经纪代理	9059	3	全部对应
	754	婚庆典礼服务	8070	3	部分对应
	755	文化贸易代理服务	5181	3	部分对应
	756	票务代理服务	7298	3	全部对应
	761	休闲娱乐用品设备出租	7121	3	全部对应
	762	文化用品设备出租	7123	3	全部对应
	771	社会人文科学研究	7350	3	全部对应
文化相关领域	772	学术理论社会（文化）团体	9521	3	部分对应
	773	文化艺术培训	8393	3	全部对应
	774	文化艺术辅导	8399	3	部分对应
	811	印刷专用设备制造	3542	2	全部对应
	812	复印和胶印设备制造	3474	2	全部对应
	821	广播电视节目制作及发射设备制造	3931	2	全部对应
	822	广播电视接收设备制造	3932	2	全部对应
	823	广播电视专用配件制造	3933	2	全部对应
	824	专业音响设备制造	3934	2	全部对应
	825	应用电视设备及其他广播电视设备制造	3939	2	全部对应
	826	广播影视设备批发	5178	3	全部对应
	827	电影机械制造	3471	2	全部对应
	831	影视录放设备制造	3953	2	全部对应

（续表）

文化及相关产业			国民经济分类		文化产业分类与国民经济分类的对应关系
大类	小类	小类名称	小类	三产划分	
	832	娱乐用智能无人飞行器制造	3963	2	部分对应
	833	幻灯及投影设备制造	3472	2	全部对应
	834	照相机及器材制造	3473	2	全部对应
	835	照相器材零售	5248	3	全部对应
	841	舞台及场地用灯制造	3873	2	全部对应
	842	舞台照明设备批发	5175	3	部分对应
	851	露天游乐场所游乐设备制造	2461	2	全部对应
	852	游艺用品及室内游艺器材制造	2462	2	全部对应
	853	其他娱乐用品制造	2469	2	全部对应
	861	中乐器制造	2421	2	全部对应
文化相关领域	862	西乐器制造	2422	2	全部对应
	863	电子乐器制造	2423	2	全部对应
	864	其他乐器及零件制造	2429	2	全部对应
	865	乐器批发	5147	3	全部对应
	866	乐器零售	5247	3	全部对应
	911	文具制造	2411	2	全部对应
	912	文具用品批发	5141	3	全部对应
	913	文具用品零售	5241	3	全部对应
	921	笔的制造	2412	2	全部对应
	922	墨水、墨汁制造	2414	2	全部对应
	930	玩具制造	2451	2	全部对应
	930	玩具制造	2452	2	全部对应
	930	玩具制造	2453	2	全部对应
	930	玩具制造	2454	2	全部对应
	930	玩具制造	2455	2	全部对应

（续表）

文化及相关产业			国民经济分类		文化产业分类与国民经济分类的对应关系
大类	小类	小类名称	小类	三产划分	
文化相关领域	930	玩具制造	2456	2	全部对应
	930	玩具制造	2459	2	全部对应
	940	焰火、鞭炮产品制造	2672	2	全部对应
	951	电视机制造	3951	2	全部对应
	952	音响设备制造	3952	2	全部对应
	953	可穿戴智能文化设备制造	3961	2	部分对应
	954	其他智能文化消费设备制造	3969	2	部分对应
	955	家用视听设备批发	5137	3	全部对应
	956	家用视听设备零售	5271	3	全部对应
	957	其他文化用品批发	5149	3	全部对应
	958	其他文化用品零售	5249	3	全部对应

附录2　国家旅游及相关产业及其与国民经济分类对应表

国家旅游及相关产业分类（2018）				国民经济行业分类代码（2017）	对应关系
代码			名称		
大类	中类	小类			
旅游业	旅游出行	1111	铁路旅客运输	531	完全对应
		1112	客运火车站	5331	完全对应
		1121	城市旅游公共交通服务	541	部分对应
		1122	公路旅客运输	542	完全对应
		1131	水上旅客运输	551	完全对应
		1132	客运港口	5531	完全对应
		1141	航空旅客运输	5611	完全对应
		1142	观光游览航空服务	5622	完全对应
		1143	机场	5631	完全对应

（续表）

国家旅游及相关产业分类（2018）				国民经济行业分类代码（2017）	对应关系
代码			名称		
大类	中类	小类			
旅游业	旅游出行	1144	空中交通管理	5632	完全对应
		1151	旅客票务代理	5822	完全对应
		1152	旅游交通设备租赁	7111	部分对应
				7115	部分对应
				7119	部分对应
	旅游住宿	1211	旅游饭店	6110	完全对应
		1212	一般旅馆	612	完全对应
		1213	其他旅游住宿服务	6130	部分对应
				6140	部分对应
				6190	部分对应
		1220	休养旅游住宿服务	8511	部分对应
	旅游餐饮	1310	旅游正餐服务	6210	部分对应
		1320	旅游快餐服务	6220	部分对应
		1330	旅游饮料服务	623	部分对应
		1340	旅游小吃服务	6291	部分对应
		1350	旅游餐饮配送服务	6241	部分对应
	旅游游览	1411	城市公园管理	7850	完全对应
		1412	游览景区管理	786	完全对应
		1413	生态旅游游览	771	部分对应
		1414	游乐园	9020	完全对应
		1421	文物及非物质文化遗产保护	8840	完全对应
		1422	博物馆	8850	完全对应
		1423	宗教活动场所服务	9542	完全对应
		1424	烈士陵园、纪念馆	8860	完全对应
		1425	旅游会展服务	728	部分对应

（续表）

国家旅游及相关产业分类(2018)				国民经济行业分类代码(2017)	对应关系
代码			名称		
大类	中类	小类			
旅游业	旅游游览	1426	农业观光休闲旅游	0141	部分对应
				0143	部分对应
				0149	部分对应
				015	部分对应
				0412	部分对应
	旅游购物	1510	旅游出行工具及燃料购物	526	部分对应
		1520	旅游商品购物	521	部分对应
				522	部分对应
				523	部分对应
				524	部分对应
	旅游娱乐	1611	文艺表演旅游服务	8810	部分对应
		1612	表演场所旅游服务	8820	部分对应
		1613	旅游室内娱乐服务	9011	部分对应
				9012	部分对应
				9019	部分对应
		1614	旅游摄影扩印服务	8060	部分对应
		1621	体育场馆旅游服务	892	部分对应
		1622	旅游健身服务	8930	部分对应
		1631	洗浴旅游服务	8051	部分对应
		1632	保健旅游服务	8052	部分对应
				8053	部分对应
				8412	部分对应
				8413	部分对应
				8414	部分对应
				8415	部分对应
				8416	部分对应

（续表）

国家旅游及相关产业分类（2018）				国民经济行业分类代码（2017）	对应关系
代码			名称		
大类	中类	小类			
旅游业	旅游娱乐	1633	其他旅游休闲娱乐服务	9030	部分对应
				9090	部分对应
	旅游综合服务	1710	旅行社及相关服务	7291	完全对应
		1721	旅游活动策划服务	7297	部分对应
				7298	部分对应
				7299	部分对应
		1722	旅游电子平台服务	6432	部分对应
				6434	部分对应
				6439	部分对应
				6440	部分对应
				6450	部分对应
		1723	旅游企业管理服务	7215	部分对应
				7219	部分对应
				722	部分对应
				9522	部分对应
旅游相关产业	旅游辅助服务	2111	游客铁路出行辅助服务	5333	部分对应
				5339	部分对应
		2112	游客道路出行辅助服务	544	部分对应
		2113	游客水上出行辅助服务	5539	部分对应
		2114	游客航空出行辅助服务	5639	部分对应
		2115	旅游搬运服务	5910	部分对应
		2121	旅游相关银行服务	6621	部分对应
				6623	部分对应
				6624	部分对应
				6629	部分对应
				6634	部分对应

（续表）

国家旅游及相关产业分类（2018）				国民经济行业分类代码（2017）	对应关系
代码			名称		
大类	中类	小类			
旅游相关产业	旅游辅助服务	2121	旅游相关银行服务	6635	部分对应
				6636	部分对应
				6637	部分对应
				6639	部分对应
		2122	旅游人身保险服务	6813	部分对应
				6814	部分对应
		2123	旅游财产保险服务	6820	部分对应
		2124	其他旅游金融服务	6999	部分对应
		2131	旅游中等职业教育	8336	部分对应
		2132	旅游高等教育	834	部分对应
		2133	旅游培训	8391	部分对应
		2141	旅游安保服务	7271	部分对应
				7272	部分对应
		2142	旅游翻译服务	7294	部分对应
		2143	旅游娱乐体育设备出租	7121	部分对应
				7122	部分对应
		2144	旅游日用品出租	7123	部分对应
				7129	部分对应
				7130	部分对应
		2145	旅游广告服务	725	部分对应
	政府旅游管理服务	2210	政府旅游事务管理	9221	部分对应
		2220	涉外旅游事务管理	9222	部分对应

附录 3　3.2.5 面板数据分析 R 代码

```
#清空内存
rm(list=ls())
gc()

#加载有关 R 包
library(tidyverse)
library(plm)
library(stargazer)

#设置工作文件夹
setwd("D:/culfin.data")

#整理数据
years<-rep(2019:2011,each=31)

baofei<-read.csv("baofei.csv")
colnames(baofei)
baofei.long<-gather(baofei,year,baofei,X2019 年:X2011 年)
baofei.long $ year<-years

files<-dir()
files<-files[c(-7,-8)]
y<-matrix(ncol=length(files),nrow=31*9)
for(i in 1:length(files)){
    file<-files[i]
    x<-read.csv(file)
    x.long<-gather(x,year,x,X2019 年:X2011 年)
    y[,i]<-x.long $ x
}

y<-as.data.frame(y)
colnames(y)<-c ( "baofei",
                "bowuguanrenshu",
                "gdp",
                "gongzi",
                "guoneiyanchu",
                "pop",
                "tushu",
                "yishuchangguan",
```

（续表）

```
                    "yishuguanzhong",
                    "yishutuanti")
y1<-cbind(sheng=baofei.long[,1],year=years,y)

#取对数
data<-log(y1[,3:12])
data<-cbind(y1[,1:2],data)
write.csv(data,"data.csv")

#面板数据分析
data1<-pdata.frame(data,index=c("sheng","year"))
summary(data1)

culfin.fe<-plm(gdp~bowuguanrenshu+guoneiyanchu+tushu+yishuchangguan
+yishuguanzhong+yishutuanti,data=data1,model="within")
summary(culfin.fe)
culfin.re<-plm(gdp~bowuguanrenshu+guoneiyanchu+tushu+yishuchangguan
+yishuguanzhong+yishutuanti,data=data1,model="random")
summary(culfin.re)
phtest(culfin.fe,culfin.re)

#输出分析结果
stargazer(culfin.fe,culfin.re,type="text")
stargazer(culfin.fe,culfin.re,type="html",out="x1.doc")
```

附录4 3.3 投入产出分析原始结果

1.行业分类表

产品名称	代码	第一产业	第二产业	第三产业	其他实体经济	文旅产业	金融业
农产品	1001	1	0	0	1	0	0
林产品	2002	1	0	0	1	0	0
畜牧产品	3003	1	0	0	1	0	0
渔产品	4004	1	0	0	1	0	0
农、林、牧、渔服务产品	5005	1	0	0	1	0	0

（续表）

产品名称	代码	第一产业	第二产业	第三产业	其他实体经济	文旅产业	金融业
煤炭开采和洗选产品	6006	1	0	0	1	0	0
石油和天然气开采产品	7007	1	0	0	1	0	0
黑色金属矿采选产品	8008	1	0	0	1	0	0
有色金属矿采选产品	9009	1	0	0	1	0	0
非金属矿采选产品	10010	1	0	0	1	0	0
开采辅助活动和其他采矿产品	11011	1	0	0	1	0	0
谷物磨制品	13012	0	1	0	1	0	0
饲料加工品	13013	0	1	0	1	0	0
植物油加工品	13014	0	1	0	1	0	0
糖及糖制品	13015	0	1	0	1	0	0
屠宰及肉类加工品	13016	0	1	0	1	0	0
水产加工品	13017	0	1	0	1	0	0
蔬菜、水果、坚果和其他农副食品加工品	13018	0	1	0	1	0	0
方便食品	14019	0	1	0	1	0	0
乳制品	14020	0	1	0	1	0	0
调味品、发酵制品	14021	0	1	0	1	0	0
其他食品	14022	0	1	0	1	0	0
酒精和酒	15023	0	1	0	1	0	0
饮料	15024	0	1	0	1	0	0
精制茶	15025	0	1	0	1	0	0
烟草制品	16026	0	1	0	1	0	0
棉、化纤纺织及印染精加工品	17027	0	1	0	1	0	0
毛纺织及染整精加工品	17028	0	1	0	1	0	0
麻、丝绢纺织及加工品	17029	0	1	0	1	0	0
针织或钩针编织及其制品	17030	0	1	0	1	0	0
纺织制成品	17031	0	1	0	1	0	0

（续表）

产品名称	代码	第一产业	第二产业	第三产业	其他实体经济	文旅产业	金融业
纺织服装服饰	18032	0	1	0	1	0	0
皮革、毛皮、羽毛及其制品	19033	0	1	0	1	0	0
鞋	19034	0	1	0	1	0	0
木材加工和木、竹、藤、棕、草制品	20035	0	1	0	1	0	0
家具	21036	0	1	0	1	0	0
造纸和纸制品	22037	0	1	0	0	1	0
印刷和记录媒介复制品	23038	0	1	0	0	1	0
工艺美术品	24039	0	1	0	0	1	0
文教、体育和娱乐用品	24040	0	1	0	0	1	0
精炼石油和核燃料加工品	25041	0	1	0	1	0	0
煤炭加工品	25042	0	1	0	1	0	0
基础化学原料	26043	0	1	0	1	0	0
肥料	26044	0	1	0	1	0	0
农药	26045	0	1	0	1	0	0
涂料、油墨、颜料及类似产品	26046	0	1	0	0	1	0
合成材料	26047	0	1	0	1	0	0
专用化学产品和炸药、火工、焰火产品	26048	0	1	0	1	0	0
日用化学产品	26049	0	1	0	1	0	0
医药制品	27050	0	1	0	1	0	0
化学纤维制品	28051	0	1	0	1	0	0
橡胶制品	29052	0	1	0	1	0	0
塑料制品	29053	0	1	0	1	0	0
水泥、石灰和石膏	30054	0	1	0	1	0	0
石膏、水泥制品及类似制品	30055	0	1	0	1	0	0
砖瓦、石材等建筑材料	30056	0	1	0	1	0	0
玻璃和玻璃制品	30057	0	1	0	1	0	0

（续表）

产品名称	代码	第一产业	第二产业	第三产业	其他实体经济	文旅产业	金融业
陶瓷制品	30058	0	1	0	1	0	0
耐火材料制品	30059	0	1	0	1	0	0
石墨及其他非金属矿物制品	30060	0	1	0	1	0	0
钢	31061	0	1	0	1	0	0
钢压延产品	31062	0	1	0	1	0	0
铁及铁合金产品	31063	0	1	0	1	0	0
有色金属及其合金	32064	0	1	0	1	0	0
有色金属压延加工品	32065	0	1	0	1	0	0
金属制品	33066	0	1	0	1	0	0
锅炉及原动设备	34067	0	1	0	1	0	0
金属加工机械	34068	0	1	0	1	0	0
物料搬运设备	34069	0	1	0	1	0	0
泵、阀门、压缩机及类似机械	34070	0	1	0	1	0	0
文化、办公用机械	34071	0	1	0	0	1	0
其他通用设备	34072	0	1	0	1	0	0
采矿、冶金、建筑专用设备	35073	0	1	0	1	0	0
化工、木材、非金属加工专用设备	35074	0	1	0	1	0	0
农、林、牧、渔专用机械	35075	0	1	0	1	0	0
其他专用设备	35076	0	1	0	1	0	0
汽车整车	36077	0	1	0	1	0	0
汽车零部件及配件	36078	0	1	0	1	0	0
铁路运输和城市轨道交通设备	37079	0	1	0	1	0	0
船舶及相关装置	37080	0	1	0	1	0	0
其他交通运输设备	37081	0	1	0	1	0	0
电机	38082	0	1	0	1	0	0
输配电及控制设备	38083	0	1	0	1	0	0
电线、电缆、光缆及电工器材	38084	0	1	0	1	0	0

（续表）

产品名称	代码	第一产业	第二产业	第三产业	其他实体经济	文旅产业	金融业
电池	38085	0	1	0	1	0	0
家用器具	38086	0	1	0	1	0	0
其他电气机械和器材	38087	0	1	0	1	0	0
计算机	39088	0	1	0	1	0	0
通信设备	39089	0	1	0	1	0	0
广播电视设备和雷达及配套设备	39090	0	1	0	0	1	0
视听设备	39091	0	1	0	1	0	0
电子元器件	39092	0	1	0	1	0	0
其他电子设备	39093	0	1	0	1	0	0
仪器仪表	40094	0	1	0	1	0	0
其他制造产品	41095	0	1	0	1	0	0
废弃资源和废旧材料回收加工品	42096	0	1	0	1	0	0
金属制品、机械和设备修理服务	43097	0	1	0	1	0	0
电力、热力生产和供应	44098	0	1	0	1	0	0
燃气生产和供应	45099	0	1	0	1	0	0
水的生产和供应	46100	0	1	0	1	0	0
房屋建筑	47101	0	1	0	1	0	0
土木工程建筑	48102	0	1	0	1	0	0
建筑安装	49103	0	1	0	1	0	0
建筑装饰、装修和其他建筑服务	50104	0	1	0	1	0	0
批发	51105	0	0	1	1	0	0
零售	52106	0	0	1	1	0	0
铁路旅客运输	53107	0	0	1	1	0	0
铁路货物运输和运输辅助活动	53108	0	0	1	1	0	0
城市公共交通及公路客运	54109	0	0	1	1	0	0
道路货物运输和运输辅助活动	54110	0	0	1	1	0	0
水上旅客运输	55111	0	0	1	0	1	0

（续表）

产品名称	代码	第一产业	第二产业	第三产业	其他实体经济	文旅产业	金融业
水上货物运输和运输辅助活动	55112	0	0	1	1	0	0
航空旅客运输	56113	0	0	1	0	1	0
航空货物运输和运输辅助活动	56114	0	0	1	1	0	0
管道运输	57115	0	0	1	1	0	0
多式联运和运输代理	58116	0	0	1	1	0	0
装卸搬运和仓储	59117	0	0	1	1	0	0
邮政	60118	0	0	1	1	0	0
住宿	61119	0	0	1	1	0	0
餐饮	62120	0	0	1	1	0	0
电信	63121	0	0	1	1	0	0
广播电视及卫星传输服务	63122	0	0	1	0	1	0
互联网和相关服务	64123	0	0	1	1	0	0
软件服务	65124	0	0	1	1	0	0
信息技术服务	65125	0	0	1	1	0	0
货币金融和其他金融服务	66126	0	0	1	0	0	1
资本市场服务	67127	0	0	1	0	0	1
保险	68128	0	0	1	0	0	1
房地产	70129	0	0	1	1	0	0
租赁	71130	0	0	1	1	0	0
商务服务	72131	0	0	1	1	0	0
研究和试验发展	73132	0	0	1	1	0	0
专业技术服务	74133	0	0	1	1	0	0
科技推广和应用服务	75134	0	0	1	1	0	0
水利管理	76135	0	0	1	1	0	0
生态保护和环境治理	77136	0	0	1	1	0	0
公共设施及土地管理	78137	0	0	1	1	0	0
居民服务	80138	0	0	1	1	0	0

（续表）

产品名称	代码	第一产业	第二产业	第三产业	其他实体经济	文旅产业	金融业
其他服务	81139	0	0	1	1	0	0
教育	83140	0	0	1	1	0	0
卫生	84141	0	0	1	1	0	0
社会工作	85142	0	0	1	1	0	0
新闻和出版	86143	0	0	1	0	1	0
广播、电视、电影和影视录音制作	87144	0	0	1	0	1	0
文化艺术	88145	0	0	1	0	1	0
体育	89146	0	0	1	1	0	0
娱乐	90147	0	0	1	0	1	0
社会保障	94148	0	0	1	1	0	0
公共管理和社会组织	91149	0	0	1	1	0	0

2.矩阵分析源代码（R 语言）

```
##清空内存
rm(list=ls())
gc()

##加载必要的 R 包
library(tidyverse)

##设置工作路径
setwd("默认工作路径")

##读取投入产出表
io<-read.csv("io.china.2017.csv",header=T,stringsAsFactors = F)

##将有关数据进行分块处理
#1.提取行业属性
ind <- as.matrix(io[1:149,c(3:10)])
ind.wenlv<-ind[,c(4,7,8)]
ind.wenlv.xifen<-ind[,c(5,6,7,8)]

#2.提取中间投入
m1<-as.matrix(io[1:149,11:159])
m2<-as.matrix(io[150:153,11:159])
m3<-as.matrix(io[1:149,160:167])
```

（续表）

```
#3.计算
m11<-t(ind.wenlv)% * %m1% * %ind.wenlv
m21<-m2% * %ind.wenlv
m31<-t(ind.wenlv)% * %m3

m31.1<-rbind(m31,matrix(0,ncol=ncol(m31),nrow=4))

m.wenlv<-rbind(m11,m21)
m.wenlv<-cbind(m.wenlv,m31.1)

rownames(m.wenlv)[4:7]<-c("labor","tax","discount","surplus")
m.wenlv<-round(m.wenlv/10^8,2)

#4.输出
write.csv(m.wenlv,"io.wenlv.2017.csv")
```

3.文旅产业投入产出表(详细版)

单位:万亿元

项目		中间需求			最终需求							总需求
		其他实体经济	文旅产业	金融业	农村居民消费支出	城镇居民消费支出	政府消费支出	固定资本形成总额	存货变动	出口	进口	
中间投入	其他实体经济	124.74	3.51	2.85	6.07	22.82	12.00	35.70	0.51	15.15	13.89	209.47
	文旅产业	3.27	1.32	0.39	0.18	0.94	0.26	0.21	0.02	1.18	0.90	6.86
	金融业	6.46	0.12	0.79	0.23	1.80	0.12	0.00	0.00	0.06	0.14	9.44
增加值	劳动者报酬	38.93	0.97	2.43								
	生产税净额	8.84	0.12	0.54								
	固定资产折旧	10.45	0.36	0.22								
	营业盈余	16.78	0.46	2.22								
总投入		209.47	6.86	9.44								

附录5 《宁波市文化创意产业分类(2018)》及简要比较

类别名称	国民经济代码	说明及其与《文化及相关产业分类(2018)》对应关系
第一部分 文化核心领域		行业分类与说明与《文化及相关产业分类(2018)》完全一致,具体内容参见附录1
第二部分 文化相关领域		行业分类与说明与《文化及相关产业分类(2018)》完全一致,具体内容参见附录1
第三部分 文化衍生产品		宁波市根据当地产业发展实际增加部分
十、体育用品及相关服务		
(一)体育用品制造		
球类制造	2441	指各种皮制、胶制、革制的可充气的运动用球,以及其他材料制成的各种运动用硬球、软球等球类产品的生产活动
专项运动器材及配件制造	2442	指各项竞技比赛和训练用器材及用品,体育场馆设施及器件的生产活动
健身器材制造	2443	指供健身房、家庭或体育训练用的健身器材及运动物品的制造
运动防护用具制造	2444	指用各种材质,为各项运动特制手套、鞋、帽和护具的生产活动
其他体育用品制造	2449	指钓鱼专用的各种用具及用品,以及上述未列明的体育用品制造
(二)体育用品销售		
体育用品及器材批发	5142	指体育用品及器材的批发活动
体育用品及器材零售	5242	指体育用品及器材的零售活动
(三)体育娱乐及相关服务		
体育咨询	7246	指体育运动咨询服务,含体育策划
体育竞赛组织	8911	指专业从事各类体育比赛、表演、训练、辅导、管理的体育组织

（续表）

类别名称	国民经济代码	说明及其与《文化及相关产业分类(2018)》对应关系
体育保障组织	8912	指体育战略规划、竞技体育、全民健身、体育产业、反兴奋剂、体育器材装备及其他未列明的保障性体育管理和服务
其他体育组织	8919	指其他由体育专业协会、体育类社会服务机构、基层体育组织、全民健身活动站点、互联网体育组织等提供的服务
体育场馆管理	8921	指对可用于体育竞赛、训练、表演、教学及全民健身活动的体育建筑和室内外体育场地及相关设施等管理活动，如体育场、田径场、体育馆、游泳馆、足球场、篮球场、乒乓球场等
其他体育场地设施管理	8929	指设在社区、村庄、公园、广场等对可提供体育服务的固定安装的体育器材、临时性体育场地设施和其他室外体育场地设施等管理活动，如全民健身路径、健身步道、拼装式游泳池等
健身休闲活动	8930	指主要面向社会开放的休闲健身场所和其他体育娱乐场所的管理活动
体育中介代理服务	8991	指各类体育赞助活动、体育招商活动、体育文化活动推广，以及其他体育音像、动漫、影视代理等服务
体育健康服务	8992	指国民体质监测与康体服务，以及科学健身调理、社会体育指导员、运动康复按摩、体育健康指导等服务
其他未列明体育	8999	指其他未包括的体育活动
体育表演服务	9052	指策划、组织、实施各类职业化、商业化、群众性体育赛事等体育活动的服务
体育经纪人	9054	指从事运动员经纪人服务和体育经纪服务
体校及体育培训	8392	指各类、各级体校培训，以及其他各类体育运动培训活动，不包括学校教育制度范围内的体育大学、学院、学校的体育专业教育
十一、传统特色文化产品		
（一）酒和精制茶的生产		
黄酒制造	1514	指以稻米、黍米、黑米、小麦、玉米等为主要原料，加曲、酵母等糖化发酵剂发酵酿制而成的发酵酒产品的生产活动
精制茶加工	1530	指对毛茶或半成品原料茶进行筛分、轧切、风选、干燥、匀堆、拼配等精制加工茶叶的生产活动

(续表)

类别名称	国民经济代码	说明及其与《文化及相关产业分类(2018)》对应关系
(二)丝绢纺织及印染精加工		
绢纺和丝织加工	1742	指以丝为主要原料进行的丝织物织造加工
丝印染精加工	1743	指对非自产的丝织物进行漂白、染色、印花、轧光、起绒、缩水等工序的加工
(三)家具制造		
木质家具制造	2110	指以天然木材和木质人造板为主要材料,配以其他辅料(如油漆、贴面材料、玻璃、五金配件等)制作各种家具的生产活动
竹藤家具	2120	指以竹材和藤材为主要材料,配以其他辅料制作各种家具的生产活动
金属家具制造	2130	指支(框)架及主要部件以铸铁、钢材、钢板、钢管、合金等金属为主要材料,结合使用木、竹、塑等材料,配以人造革、尼龙布、泡沫塑料等其他辅料制作各种家具的生产活动
塑料家具制造	2140	指用塑料管、板、异型材加工或用塑料、玻璃钢(即增强塑料)直接在模具中成型的家具的生产活动
其他家具制造	2190	指主要由弹性材料(如弹簧、蛇簧、拉簧等)和软质材料(如棕丝、棉花、乳胶海绵、泡沫塑料等),辅以绷结材料(如绷绳、绷带、麻布等)和装饰面料及饰物(如棉、毛、化纤织物及牛皮、羊皮、人造革等)制成的各种软家具;以玻璃为主要材料,辅以木材或金属材料制成的各种玻璃家具,以及其他未列明的原材料制作各种家具的生产活动
(四)其他文化用品制造		
照明灯具制造	3872	
工业颜料制造	2643	
农用及园林用金属工具制造	3323	指主要用于农牧业生产的小农具,园艺或林业作业用金属工具的制造
十二、文教、休闲娱乐产品		
(一)文教办公用品的制造		

（续表）

类别名称	国民经济代码	说明及其与《文化及相关产业分类（2018）》对应关系
教学用模型及教具制造	2413	指主要用于教学的各种专用模型、标本及教具的制造
其他文教办公用品制造	2419	指其他未列明的文教办公类用品的制造
计算器及货币专用设备制造	3475	指金融、商业、交通及办公等使用的电子计算器，具有计算功能的数据记录、重现和显示机器的制造；以及货币专用设备及类似机械的制造
绘图、计算及测量仪器制造	4013	指供设计、制图、绘图、计算、测量，以及学习或办公、教学等使用的测量和绘图用具、器具及量仪的制造
（二）文化、办公用机械的制造		
其他文化、办公用机械制造	3479	指其他未列明的文化、办公用机械的制造活动
（三）休闲娱乐产品制造		
娱乐船和运动船制造	3733	指游艇和用于娱乐或运动的其他船只的制造
四轮及以上非公路休闲车及零配件制造	3780*	指以运动休闲娱乐为主要功能，四轮及四轮以上运动休闲车（不含跑车、山地车和越野车）及专用零件和附件等制造。该小类包含在非公路休闲车及零配件制造小类中
（四）文化传播介质设备的制造		
计算机整机制造	3911	指将可进行算术或逻辑运算的中央处理器和外围设备集成计算整机的制造，也包括硬件与软件集成计算机系统的制造，还包括来件组装计算机的加工
计算机零部件制造	3912	指组成电子计算机的内存、板卡、硬盘、电源、机箱、显示器等部件的制造
计算机外围设备制造	3913	指计算机外围设备及附属设备的制造；包括输入设备、输出设备和外存储设备等制造
工业控制计算机及系统制造	3914	是一种采用总线结构，对生产过程及机电设备、工艺装备进行检测与控制的工具总称；工控机具有重要的计算机属性和特征，如具有计算机 CPU、硬盘、内存、外设及接口，并有操作系统、控制网络和协议、计算能力、友好的人机界面；工控行业的产品和技术非常特殊，属于中间产品，是为其他各行业提供可靠、嵌入式、智能化的工业计算机制造

(续表)

类别名称	国民经济代码	说明及其与《文化及相关产业分类(2018)》对应关系
信息安全设备制造	3915	指用于保护网络和计算机中信息和数据安全的专用设备的制造,包括边界安全、通信安全、身份鉴别与访问控制、数据安全、基础平台、内容安全、评估审计与监控、安全应用设备等制造
其他计算机制造	3919	指计算机应用电子设备(以中央处理器为核心,配以专业功能模块、外围设备等构成各行业应用领域专用的电子产品及设备,如金融电子、汽车电子、医疗电子、工业控制计算机及装置、信息采集及识别设备、数字化 3C 产品等),以及其他未列明计算机设备的制造
通信系统设备制造	3921	指固定或移动通信接入、传输、交换设备等通信系统建设所需设备的制造
通信终端设备制造	3922*	指移动通信终端设备包括移动通信设备零件、移动通信手持机、移动通信终端设备零件和其他移动通信终端设备的制造。该小类包含在通信终端设备制造小类中
(五)文化传播介质设备的销售		
计算机、软件及辅助设备批发	5176	
手机及相关产品零售	5274*	指手机及相关产品零售服务。该小类包含在通信设备零售小类中
计算机、软件及辅助设备零售	5273	
日用家电批发	5138	
日用家电零售	5272	指专门经营冰箱、洗衣机、空调、吸尘器及其他家用电器设备的店铺零售活动
十二、文化商务及专业技术服务		
(一)其他文化及日用品出租		
其他文体设备和用品出租	7129	指其他文体设备和用品的出租
(二)文化商务服务业		

（续表）

类别名称	国民经济代码	说明及其与《文化及相关产业分类(2018)》对应关系
经济连锁酒店	6121	指以客房为唯一或核心产品,以连锁为经营模式,统一装修风格,统一服务标准,面向大众、价格经济、满足消费者在外出住宿时对安全、卫生、便捷等方面基本要求的并具有国际接待水准的有限服务型住宿企业
旅游饭店	6110	指按照国家有关规定评定的旅游饭店和具有同等质量、水平的饭店活动
其他一般旅馆	6129	
民宿服务	6130	指城乡居民及社会机构利用闲置房屋开展的住宿活动和短期出租公寓服务
露营地服务	6140	指在游览景区或其他地区,为自驾游、自行车游客及其他游客外出旅行提供使用自备露营设施(如帐篷、房车)或租借小木屋、移动别墅、房车等住宿和生活场所
其他住宿业	6190	指上述未列明的住宿服务
企业形象和文化艺术咨询服务	7243*	指企业形象策划服务和文化艺术咨询服务。该小类包含在社会经济咨询小类中。
市场调查	7242	包含广播电视收听、收视调查
健康咨询	7244	
环保咨询	7245	
其他专业咨询与调查	7249	指上述咨询以外的其他专业咨询和其他调查活动
公共就业服务	7261	指向劳动者提供公益性的就业服务
职业中介服务	7262	指为求职者寻找、选择、介绍工作,为用人单位提供劳动力的服务
创业指导服务	7264	指除众创空间、孵化器等创业服务载体外的其他机构为初创企业或创业者提供的创业辅导、创业培训、技术转移、人才引进、金融投资、市场开拓、国际合作等一系列服务
其他人力资源服务	7269	指其他未列明的人力资源服务
旅行社及相关服务	7291	指为社会各界提供商务、组团和散客旅游的服务,包括向顾客提供咨询、旅游计划和建议、日程安排、导游、食宿和交通等服务
包装服务	7292	指有偿或按协议为客户提供包装服务

（续表）

类别名称	国民经济代码	说明及其与《文化及相关产业分类(2018)》对应关系
办公服务	7293	指为商务、公务及个人提供的各种办公服务
翻译服务	7294	指专业提供口译和笔译的服务
信用服务	7295	指专门从事信用信息采集、整理和加工,并提供相关信用产品和信用服务的活动,包括信用评级、商账管理等活动
科技中介服务	7530	指为科技活动提供社会化服务与管理,在政府、各类科技活动主体与市场之间提供居间服务的组织,主要开展信息交流、技术咨询、科技评估和科技鉴证等活动
创业空间服务	7540	指顺应新科技革命和产业变革新趋势、有效满足网络时代大众创业创新需求的新型创业服务平台,它是针对早期创业的重要服务载体,主要为创业者提供低成本的工作空间、网络空间、社交空间和资源共享空间,包括众创空间、孵化器、创业基地等
其他科技推介服务	7590	指除技术推广、科技中介以外的其他科技服务,但不包括短期的日常业务活动
养生保健服务	8053	指中医养生保健(非医疗)和其他专业养生保健等服务
职业技能服务	8391	指由教育部门、劳动部门或其他政府部门批准举办,或由社会机构举办的为提高就业人员就业技能的就业前培训和其他技能培训活动,不包括社会上办的各类培训班、速成班、讲座等
教育辅助服务	8394	指专门从事教育检测、评价、考试、招生等辅助活动
(三)文化专业技术服务业		
风景名胜区和自然保护区规划服务	7485*	指风景名胜区规划服务和自然保护区规划服务。该小类包含在规划设计管理小类中
(四)文化传播介质及相关服务		
信息系统设计及运行维护服务	6531*	指基于需方业务需求进行的信息系统需求分析和系统设计,并通过结构化的综合布缆系统、计算机网络技术和软件技术,将各个分离的设备、功能和信息等集成到相互关联的、统一和协调的系统之中,以及为信息系统的正常运行提供支持的服务。主要包括信息系统设计、运行维护等服务。该小类包含在信息系统集成服务小类中

（续表）

类别名称	国民经济代码	说明及其与《文化及相关产业分类(2018)》对应关系
运行维护服务	6540	指基础环境运行维护、网络运行维护、软件运行维护、硬件运行维护、其他运行维护服务
信息技术咨询服务	6560	指在信息资源开发利用、工程建设、人员培训、管理体系建设、技术支撑等方面向需方提供的管理或技术咨询评估服务；包括信息化规划、信息技术管理咨询、信息系统工程监理、测试评估、信息技术培训等
（五）互联网信息服务		
互联网接入及相关服务	6410	指除基础电信运营商外，基于基础传输网络为存储数据、数据处理及相关活动，提供接入互联网的有关应用设施的服务
互联网生产服务平台	6431	指专门为生产服务提供第三方服务平台的互联网活动，包括互联网大宗商品交易平台、互联网货物运输平台等
互联网科技创新平台	6433	指专门为科技创新、创业等提供第三方服务平台的互联网活动，包括网络众创平台、网络众包平台、网络众扶平台、技术创新网络平台、技术交易网络平台、科技成果网络推广平台、知识产权交易平台、开源社区平台等
互联网公共服务平台	6434	指专门为公共服务提供第三方服务平台的互联网活动
其他互联网平台	6439	
互联网安全服务	6440	包括网络安全监控，以及网络服务质量、可信度和安全等评估测评活动
互联网数据服务	6450	指以互联网技术为基础的大数据处理、云存储、云计算、云加工等服务
其他互联网服务	6490	指除基础电信运营商服务、互联网接入及相关服务、互联网信息服务以外的其他未列明互联网服务
十四、文化类土木建筑		
（一）体育及游乐设施工程施工		
体育场地设施工程施工	4892	指田径场、篮球场、足球场、网球场、高尔夫球场、跑马场、赛车场、卡丁车赛场、全民体育健身工程设施等室内外场地设施的工程施工
游乐设施工程施工	4893	指游乐设施工程的建筑活动
（二）古建筑及相关工程服务		

（续表）

类别名称	国民经济代码	说明及其与《文化及相关产业分类（2018）》对应关系
古建筑工程服务	4899*	指古建筑及相关工程服务。该小类包含在其他土木工程建筑施工小类中
（三）其他建筑、规划服务		
园林绿化工程施工	4891	
工程管理服务	7481	指工程项目建设中的项目策划、投资与造价咨询、招标代理、项目管理等服务
工程监理服务	7482	
工程勘察活动	7483	
土地规划服务	7486	指开展土地利用总体规划、专项规划、详细规划的调查评价、编制设计、论证评估、修改、咨询活动
（四）建筑装饰		
公共建筑装饰与装修	5011	
住宅装饰与装修	5012	
建筑幕墙装饰与装修	5013	
十五、文化金融服务		
文化货币银行服务		
文化商业银行服务	6621*	指专为文化产业服务的商业银行服务。该小类包含在商业银行服务小类中
文化政策性银行服务	6622*	指专为文化产业服务的政策性银行服务。该小类包含在政策性银行服务小类中
文化信用合作社服务	6623*	指专为文化产业服务的信用合作社服务。该小类包含在信用合作社服务小类中
文化农村资金互助社服务	6624*	指专为文化产业服务的农村资金互助社服务。该小类包含在农村资金互助社服务小类中
其他文化货币银行服务	6629*	指专为文化产业服务的其他货币银行服务。该小类包含在其他货币银行服务小类中
十六、其他		
（一）其他信息技术服务业		

类别名称	国民经济代码	说明及其与《文化及相关产业分类(2018)》对应关系
集成电路设计	6520	指 IC 设计服务,即企业开展的集成电路功能研发、设计等服务
物联网技术	6532	指提供各种物联网技术支持服务
信息处理和储存支持服务	6550	指供方向需方提供的信息和数据的分析、整理、计算、编辑、存储等加工处理服务,以及应用软件、信息系统基础设施等租用服务;包括在线企业资源规划(ERP)、在线杀毒、服务器托管、虚拟主机等
其他未列明信息技术服务业	6599	
其他软件开发	6519	
(二)科学研究和试验		
自然科学研究和试验发展	7310	
工程和技术研究试验发展	7320	
农业科学研究和试验发展	7330	
医学研究和试验发展	7340	

注:* 表示国民经济某行业小类仅部分活动属于文化及相关产业。

后 记

本书是宁波市第五轮社会科学研究基地"宁波数字普惠金融研究基地"的阶段性成果,同时也得到了宁波市服务外包研究中心规划课题资助。

承蒙宁波市社科院、宁波市文化广电旅游局、宁波市地方金融监督管理局、中国人民银行宁波中心支行和浙大宁波理工学院的大力支持,依托浙大宁波理工学院金融专业、宁波创建国家文化和金融合作示范区协同创新研究基地、宁波市金融研究院,以文旅金融、普惠金融、数字金融为主要研究对象的"宁波数字普惠金融研究基地"于2020年11月获批成立。基地获批成立后,立即组织研究团队,投入宁波创建国家文化与金融合作示范区的学术研究之中,对近两年(特别是新冠肺炎疫情防控期间)示范区创建经验进行梳理和总结。

在基地主任胡征宇研究员和基地首席专家孙伍琴教授的直接领导下,研究团队历时1年,经过4个课题的研究,共同完成了本书的撰写。本书共分8章,其中滕帆完成了第1章和第2章的撰写,并负责全书的统稿审定;吴燕博士完成了第3章和第5章的撰写;陈裕荟琳博士完成了第4章和第6章的撰写;李华建博士完成了第7章和第8章的撰写。

在写作过程中,笔者特别感谢(当然文责自负):

屠雪松　宁波市文化广电旅游局

崔宇杰　宁波市地方金融监管局

张菊琴　宁波市文化广电旅游局

廖先锋　宁波市文化广电旅游局

王亚琪　宁波市文化广电旅游局

吴伟强　宁波市社科院(宁波市社科联)

杨冰峰　宁波市社科院(宁波市社科联)

谢国光　宁波市社科院(宁波市社科联)

田国良　中国人民银行宁波市中心支行

张超群　中国人民银行宁波市中心支行

陆雪莲　中国人民银行宁波市中心支行

周佳瑜　宁波市财政局

邓梧龙　中国银保监会宁波监管局

薛立宁　波市地方金融监管局

吴王生　宁波市地方金融监管局

应容与　宁波保税区管委会

叶冰清　鄞州区文化和广电旅游体育局

马文杰　中国农业银行宁波市分行

周　颐　北京银行宁波分行

郑　炜　国寿财险宁波市分公司

郑　波　中国人保宁波市分公司

林　权　中国太保宁波市分公司

叶晋盛　宁波市文旅集团、宁波市文化金融服务中心

毛莉董　宁波市文旅集团、宁波市文化金融服务中心

王君美　宁波市文旅金融服务中心

陈　冲　《江南游报》社

浙大宁波理工学院的冯建波、樊丽淑、朱孟进、宋静静、洪青、刘彬等诸位老师在撰写过程中提出了很多真知灼见,没有上述专家学者的指导和支持就没有本书的顺利完成。

特别感谢浙江大学出版社的吴伟伟、陈翩两位编辑的辛勤付出,她们科学严谨的工作态度对本书完稿付梓更是不可或缺。

限于时间和水平,本书的错误和不足之处在所难免,恳请各位专家读者批评指正。

作　者

2021 年 8 月 20 日